成功する アライアンス 戦略と実務

戦略策定・交渉・契約・実行がわかる

野本遼平

ALLIANCE

日本実業出版社

はじめに

　インターネットやITの発展により、企業を取り巻く競争環境の変化は激しくなる一方です。このような競争環境の変化に対応し、持続的な成長を実現するために、大手企業においては新規事業の立ち上げ等の取り組みのみならず、「オープンイノベーション」や「事業共創」と呼ばれるようなベンチャー企業[1]とのアライアンスを通じて新しい技術やビジネスモデルの取り込みを行い、事業の「脱皮」を図っていく必要があることが強く自覚されつつあります。

　他方で、GAFAMに代表されるようなグローバルプラットフォーマーの影響力は日に日に増大しています。日本の未来の産業を担うと期待されるベンチャー企業はもとより、日本のイノベーションをリードしてきた大手IT企業でさえも、単独での事業展開ではグローバルプラットフォーマーには対抗できないため、アライアンスを通じて他社の経営資源を活用して、自社の事業にレバレッジをかけていくことが求められています。

　このように、大手企業もベンチャー企業も、自前主義を捨て、アライアンスを通じて事業を推進しなければ生き残れない「借り物競争（共創）」の時代に突入しており、この傾向は今後ますます加速することが予想されます。

　このような時代背景もあり、大手企業とベンチャー企業のいわゆる「マッチング」は活性化しつつあります。一方で、大手企業もベンチャー企業も、マッチングしたその次のステップとして、どのように共創を進めればいいのか、具体的には、どのような点に注意してどのような手順でアライアンスを進めればいいのかについてのノウハウを十分に有していないのが現状なのではないでしょうか。

　そこで本書では、次のような方を対象読者として、アライアンスを成功

1　本書において、大手企業とは、潤沢な経営資源を有する、上場企業や各業界において高いシェアを占める企業をいい、ベンチャー企業とは、新規の技術・ビジネスモデルを駆使して急成長を志向するスタートアップや、技術力のある中小企業をいいます。

に導くためのアライアンス戦略・交渉・契約・実行のポイントを一気通貫で整理することとしました。

- 大手企業の戦略・経営企画／Ｍ＆Ａ担当者
- 大手企業の新規事業／オープンイノベーション担当者
- ベンチャー企業経営者

　本書は、経営資源を獲得するためのアライアンスプロセス全体をカバーする入門書的な位置づけのビジネス書であるため、戦略・交渉・契約・実行の各項目に関するより詳細で専門的な解説は、それぞれの専門書を参照していただくことを想定しています。本書はむしろ、戦略と交渉・契約、そして実行とを橋渡しすることに重きを置いており、戦略・経営企画業務の担当者としては、交渉や契約におけるポイントを戦略と関連づけて把握することができ、また、契約・法務担当者や法律専門家としては、その前提となる戦略との関連性を理解することができるものと考えています。

　なお、本書の射程はオープンイノベーションにおけるアライアンスに限ったものではありませんが、昨今増えている大手企業とベンチャー企業とのアライアンスに関する記述を意識的に取り入れています。また、さまざまな産業がデジタル化されつつある昨今の状況も踏まえて、ソフトウェア産業・デジタル産業を意識した具体例を多く採用しています。加えて、大手企業とベンチャー企業とではその保有する経営資源も立場も異なることから、可能な限り、それぞれの視点からの解説を加えるようにしました。

　本書が、日本におけるアライアンスの成功確率の向上、オープンイノベーションの推進、ひいては産業の強化・発展の一助となれば幸いです。また、本書を執筆にするにあたり、多くの方々からご指導・ご示唆をいただきましたことにつきましても、ここに感謝を申し上げます。

　2019年12月　　　　　　　　　　　　　　　　　　　　野本　遼平

本書の内容は2019年（令和元年）12月１日現在の法令等に基づいています。

成功するアライアンス　戦略と実務 ● 目次

はじめに

第3章 アライアンスパートナーの選定

第4章 アライアンスにおける交渉プロセス

第5章　アライアンス契約に共通のポイント

第6章　契約類型ごとのポイント

る　　役員選解任権の設計を検討する　　拒否権項目について検討する
将来的なM&Aについて検討する　　資本提携契約違反に対するペナルテ
ィを設計する

第7章　アライアンス成立後の進め方

Jacket Design／志岐デザイン事務所（萩原　睦）
本文ＤＴＰ／一企画

第 1 章

戦略的アライアンスの時代

1

重要性が増す
戦略的アライアンス

「会社」に必要な経営資源を調達する

　日本企業は自前主義を前提として経営や事業を考える傾向があるといわれています。自前主義とは、技術は自社で生み出したものを活用し、人材も自社のプロパー社員を重用し、連携する企業も支配関係のある子会社を中心とするような事業開発スタンスのことで、“NIH（not invented here）シンドローム”と表現されることもあります。しかし、もはや手垢のついたフレーズではありますが、変化の激しい現代においては自前主義だけでは競争力を維持することができません。

　このような課題感・危機感を反映して、日本経済団体連合会は2015年に、大手企業とベンチャー企業、大学、ベンチャーキャピタルが相互に連携し、多くの新興企業を創出する「ベンチャー・エコシステム」構築を提言しています。また経済産業省も、2019年に「Society 5.0時代のオープンイノベーション、スタートアップ政策の方向性」と題して、「オープンイノベーション」の重要性を強調しています。日本の大手企業もこれに呼応するように、オープンイノベーションや共創を強く打ち出しており、その定義や取り組みはさまざまです。

　取り組みの典型例としては、①社外からビジネスアイデアを公募する、②ベンチャーキャピタル（VC）が運用するファンドに出資する、コーポレートベンチャーキャピタル（CVC）を通じて出資する、③大手企業がそのオフィスの一部等を起業家とコラボレーションする場として提供する、④他社と業務提携や資本提携をする、⑤ベンチャー企業を買収する、⑥自

社の研究開発成果や事業シーズをベースとして独立（スピンオフ）させてベンチャー企業を設立する、などがあります。

　いずれにせよ、基本的には、大学、研究機関、ベンチャー企業など社外からのアイデアを含めた経営資源調達や、社外への資金やノウハウを含めた経営資源提供を「オープン」に推進することで、イノベーションを起こそうという試みを指すことが多いといえます。わざわざ「オープン」と命名しているのですから、これまでの企業活動がいかに「クローズド」に行われていたかがうかがい知れます。

　しかし、「クローズド」な取り組みは会社の本来あるべき姿ではありません。

　会社（厳密には、株式会社）の原始的な姿は、共通の目標を持つステークホルダーが経営資源を拠出し、リスクとリターンを分配するプロジェクト制にあります。諸説ありますが、株式会社の起源は17世紀の東インド会社に遡るといわれています。当時は大航海時代と呼ばれ、ヨーロッパの強国が、大海を航海して次々と植民地を開拓していました。航海に成功してアジアに無事たどり着き、香辛料等をヨーロッパに持ち帰ることで莫大な利益が得られる一方で、船舶の建造に大金が必要となるうえ、航海の途中での難破や、海賊の襲撃といったリスクと隣り合わせのプロジェクトでした。このようなプロジェクトを推進するべく、大金を集める一方で、資金の拠出者のリスクを軽減するために発明されたのが株式であり、株式会社であるとされています。

　つまり、アセット（経営資源）を相互に拠出し、リスクをメンバー間で分配することで共通の目的を実現するバーチャルな手段が会社だったのです。事業を考えるときは、会社という単位についてのオープン性あるいはクローズド性を語ることは本質的ではなく、会社が遂行しなければならないプロジェクトを達成するために必要な経営資源・仕組みは何なのかを改めて考えなければなりません。そして言うまでもなく、経営資源というものは、企業の内側はもちろん、企業の外側にも広く存在します。

　特に、新しい技術や革新的なビジネスモデルを生み出すベンチャー企業や、優秀なフリーランスが増えている昨今においては、企業としての外縁

にはこだわらず、価値提供に必要な経営資源を柔軟に調達するという発想がますます重要になってきています。

複雑で広汎な顧客のニーズ

　会社は、自らのコアコンピタンスを中心に据えてプロダクト（物理的な商品や、ソフトウェア等の無形の商品を併せて、本書では「プロダクト」と呼びます）やサービス（企業が消費者や顧客に対して対価を得て提供する役務を、本書では「サービス」と呼びます）を開発し、顧客のニーズを充足するべく日々努力しています。一方で、自社のノウハウや経営資源に限りがあるなかで、顧客の複雑かつ広汎なニーズを完全に満たし、その「購入の必然性」に応えるプロダクトやサービスを自社単独で提供することは決して簡単ではありません。

　ジェフリー・ムーアは、自社が開発して中心的に提供するプロダクトやサービスのことを「コアプロダクト」、顧客のニーズの全体像を捉えたプロダクトやサービスのことを「ホールプロダクト」と呼びます。ホールプロダクトとは、より具体的には、自社が提供するプロダクトであるコアプロダクトを中心として、その機能を補完するような「追加ソフトウェア、追加ハードウェア、システムインテグレーション、導入とデバッグ、変更管理、講習とサポート、スタンダードと手順などを加えたもの」（『キャズム Ver2　増補改訂版』ジェフリー・ムーア著、川又政治訳、翔泳社）とされています[1]。

　もちろん、コアプロダクトの質を維持あるいは向上させることも重要です。一方で、すでにコアプロダクトとしての一定の評価を受けているのであれば、そこに対してさらに開発費用を投入しても満足なリターンが得ら

1　例えば、ソフトウェアプロダクトを顧客に導入してもらう場合に、ソフトウェア単体では顧客のニーズは解決されず、SIerに協力してもらいシステムインテグレーションを実施し、利用開始直後においてオンボーディングを実施し、そして継続的に利用してもらうためのカスタマーサポートを実施していますが、これら一連の周辺サービスを含めてホールプロダクトといいます。コアプロダクトとホールプロダクトについての詳細な説明や具体的な考え方は、『キャズム Ver.2　増補改訂版』（ジェフリー・ムーア著、川又政治訳、翔泳社）に詳しく紹介されていますので、こちらもご参照ください。

れない場合も少なくありません。むしろ、競合との比較のなかでひたすら機能、品質を向上させたとしても、それだけでは顧客の期待には応えられない可能性があります。ベンチャー企業としても、顧客を満足させるプロダクト・サービスを提供し、それが適切な市場に受け入れられている状態（プロダクト・マーケット・フィット）が達成されたら、ホールプロダクトの構築を意識して、アライアンスを上手に活用したいところです。

　例えば、インターネットを介して個人間で中古品の売買を行う場合、売り手側の顧客としては、品物の売買の合意が成立しただけで作業が終わるわけではなく、品物を梱包して相手に届けなければなりません。もし、インターネット上での中古品売買のサービスとして「商品の売買の合意の成立」までしかカバーしないのならば、顧客の本当の期待に応えたとはいえません。この点、メルカリは、ヤマト運輸等との提携を通じて、商品の配送の利便性を高めています。また、梱包の手間を軽減するために、日本郵便とも提携をして、郵便局内にダンボール等を用意した梱包スペースを設置しています。もちろん、メルカリが急成長した要因としては、プロダクト自体の使いやすさや巧みなマーケティングもありますが、顧客の利便性向上に資するホールプロダクト化を志向していたことも大きく影響していると考えられます。

競争優位性を維持する「借り物競争」としてのアライアンス戦略

　デイビッド・ヨッフィーは、マイケル・クスマノとの共著『ストラテジー・ルールズ』（児島修訳、パブラボ）において、次のように述べています。「長期的な競争優位を維持するためには、自社の枠組みを超えて、世の中に影響を与えなければならない。テクノロジー市場では、特にすぐれた製品や会社の構築のみを目指してはいけない。業界全体にまたがる『プラットフォーム』を構築して、補完的な製品やサービスの開発を促し、販売、サービス、流通など幅広いパートナーからなる『エコシステム』を構成すべきだ。…（中略）… プラットフォームは、共有リソースへのアクセスという形で、共通の目的を持つ個人や集団を引き寄せる。」

つまり、さらに発展的に、長期的な競争優位性を維持するためには、自社プロダクトの価値を向上させるだけにとどまらず、業界全体にまたがるプラットフォームを構築する必要があり、プラットフォームを構築するとは、第三者であるパートナーに補完的なプロダクトやサービスの開発を促し、販売、サービス、流通など幅広いパートナーからなるエコシステムを作り出すこととほぼ同義なのです。

　特に、インターネット産業やデジタル業界においてはその傾向が顕著であり、身近な例では、App Storeというエコシステムの中心に位置するiPhoneが代表的なプラットフォームといえます。プラットフォームは、そこで得られるメリットを求めて共通の目的を持つユーザーや事業主体を次々と引き寄せるため、プラットフォームを制した企業が実質的には業界を制することが可能になります。

　すなわち、業界をリードし続けられるのは、コアプロダクトの質を維持あるいは向上させるにとどまらず、顧客が期待する広汎なニーズに対応するプロダクト・サービスを充実させることでホールプロダクトを制し、そして最終的にはプラットフォームを制する企業です。

　そして、ホールプロダクトを制し、プラットフォームを制するための重要な手段が、戦略的なパートナーとのアライアンスです。

　現在においては、技術革新のスピードも速く、それに呼応するように、顧客のニーズ、すなわち顧客が求めるホールプロダクトもさらに複雑かつ広範囲になってきており、その変化も速くなってきています。加えて、いわゆる「イノベーションのジレンマ」により、安定的なコアプロダクトとしての既存事業がある企業は、顧客の新しいニーズを発掘したり、その新しいニーズに応じたプロダクトやサービスを開発したりすることは簡単ではありません。

　そのため、繰り返しになりますが、ホールプロダクトを構築するためには、自社の経営資源を最大限活かしつつも、自社単独での事業推進にこだわるのではなく、アライアンスを通じて自社と連携してくれるパートナーを見つけ、その経営資源を借りることも必要です。こうしたホールプロダクトの構築のためのアライアンスは「借り物競争」と表現されることもあ

り、企業は、顧客の広汎なニーズを満たすという目的を実現するために、社内外にある経営資源を柔軟に貸し借りしながら競争をしなければなりません。競争戦略理論上でも、ポーターの提唱する5つの力（新規参入者の脅威、サプライヤーの交渉力、顧客の交渉力、代替サービスの脅威、競争業者）に加えて、新たな6つ目の力として補完生産者の力が注目されています。補完生産者とは、お互いのプロダクトが相互に機能を補う関係にあるパートナーを指します[2]。

重要性を増す大手企業とベンチャー企業とのアライアンス

（1）激しくなる社会・技術の変化

アライアンスは、時代の変化に取り残されないように、事業を非連続的に発展させていくためにも非常に重要な手段です。

インターネットが一般消費者に普及し始めたのは1995年前後であり、わずか25年ほど前の出来事です。また、スマートフォンの代表格であるiPhoneが登場したのも2008年であり、モバイル端末が消費者とのインターネット上の接点として圧倒的な地位を築いたのも、わずかここ10年程度での出来事です。

近年においては、インターネット産業がさらなる発展をとげ、消費者との接点としてIoT、ウェアラブル端末、VRなどが登場しつつあります。また、消費者との接点が増えるのに伴い取得できるデータが爆発的に増加し（ビッグデータ）、このデータを保存するためのクラウド、データを処理するための量子コンピューティング、データを分析するためのAIなどの技術も台頭しつつあります。また、インターネットの次の基幹技術としては、ブロックチェーンも登場し、その活用方法が開拓されつつある段階です。

2　モバイルシフトが進むにつれて近年は結束力が弱まりつつありますが、何十年もの間、マイクロソフトはオペレーティングシステムであるWindowsを開発し、インテルはそのためのチップを生み出す形で、「ウィンテル」と呼ばれる連合関係を継続してきました。これは、お互いのプロダクトの高性能化が相手の利益にもなるという関係であり、まさに補完生産者同士の借り物競争であったといえます。

このように次々と登場する技術は、既存産業に大きな影響を与えつつあ
ります。例えば、IoTによって、さまざまなデバイスから情報を機械的に
収集して、これを漏れなく必要なところにタイムリーに届けることが可能
になります。これを応用して、コネクテッドカーによる変動型保険サービ
ス（テレマティクス保険）などが登場しています。IoT技術を活用して、
運転に関する情報の収集を自動化・機械化することで、「危険運転履歴」
という人間による自己申告がおよそ期待できない情報を獲得・分析し、保
険システムの作動の正常化・効率化を図るものであり、保険のあり方その
ものが大きく変わる可能性を秘めています。
　こういった技術をどのように自社の既存事業に取り込んでいくかが、新
規技術や新しいビジネスモデルで市場に参入してくる「ディスラプター」
と戦ううえでも、そして既存事業の付加価値をさらに向上させるうえでも、
非常に重要となります。

（2）自社開発には限界がある
　ところが、これら新規の技術は専門的かつ範囲も広範にわたるものであ
り、自社での研究開発だけではスピード不足となる傾向があります。また、
企業はその規模が大きくなるにつれて、既存事業を運営するうえでの効率
性や安定性を確保するために、当該既存事業に最適化された事業構造、組
織構造を強化していくことになります。この構造化の取り組みは、企業を
経営するうえで避けて通れないものですが、そのような強化された構造の
中から、新しい、別の再現性を持つ技術や事業を発見し、成長させること
は決して簡単ではありません。

（3）大企業とベンチャー企業との新しい関係
　一方で、近年、日本でも新規技術や新規サービスを自らリスクを取って
開発・提供するベンチャー企業が増えていて、これは大手企業にとってあ
る意味チャンスです。新規の経営資源が次々と出現する社会であれば、非
連続的なイノベーションが得意ではない大手企業としても、まずはイノベ
ーティブな事業領域を見出して、その後にベンチャー企業がリスクを取っ

て生み出した画期的な経営資源を、アライアンスや買収を通じて獲得するという経営手法をとることもできるからです。現に、日本の大手企業も自社で新しい技術を開発したり、プロダクト・サービスを立ち上げるよりも、いわゆるオープンイノベーションとして、こういったベンチャー企業とのアライアンスを実施したり、買収をしたりすることが増えてきています。

　つまり、現代は、アイデアとアライアンス遂行能力があれば、経営資源の多寡や有無によるデメリットを最小化して、より自由度の高い経営ができる可能性のある時代なのです。**重要なのは、中長期的な経営戦略を描き、その戦略目標を達成するために必要でありかつ不足している経営資源を事前に具体的に特定しておくことです。**

　逆に、ベンチャー企業の立場からしても、競争力のある技術やビジネスモデルが構築でき、プロダクト・マーケット・フィットを達成すれば、その先のホールプロダクトを実現するための経営資源は大手企業から事後的に調達することも可能なのです。また、ベンチャー企業として昨今、特に日本での重要性が増している**デジタル・トランスフォーメーションに取り組む場合にも、既存の大手企業といかにうまく連携し、お互いの経営資源を補完できるかがポイント**となっており、アライアンスの重要性は増す一方です。

2

そもそも「アライアンス」とは何か

アライアンスの定義

そもそも「アライアンス」とは何なのでしょうか。他の企業からサービスの提供を受けることと何が違うのでしょうか。

『新版　アライアンス戦略論』では、「(a)複数の企業が独立したままの状態で合意された目的を追求するために結びつくこと、(b)企業どうしがその成果を分け合い、かつその運営に対してのコントロールを行うこと、(c)企業どうしがその重要な戦略的分野（技術・製品など）において、継続的な寄与を行うこと」という3つの条件が満たされる企業間の連携がアライアンスとされています[3]。

本書では、アライアンスを、「**独立した企業同士が、共通の目的のために経営資源を交換する、継続的な連携関係**」と定義し、業務提携・資本提携・ジョイントベンチャーを中心に取り扱うこととします[4]。

しかし、実務的には、アライアンスとM&Aを並列的に検討する場面も多く、アライアンスからスタートして、事後的に少額出資をするなど段階

3　『新版 アライアンス戦略論』（安田洋史著、NTT出版）。

4　『新版 アライアンス戦略論』では、(a)の条件については「一方の企業が他方の企業を支配する関係にはなく、それぞれが独自の判断に基づいて、自らの目的を達成するために取引を行うことを意味する」としています。これによれば、M&Aはアライアンスには該当しないことになります。M&Aとは、買収企業側が資金を用意して、株式買収、営業譲渡・事業譲渡、吸収合併、新株引受、株式交換などで、相手企業の株を取得したり、ビジネスに対価を設定して買い取ったりするなどして、経営権の取得を実現するものです。例えばM&Aを通じて支配権を獲得された子会社は、その買収者である親会社に支配される関係になり独立性を失うので、親会社と子会社が共同で技術開発やマーケティング等の連携を行ったとしても、上記の定義からすると、これはアライアンスとはいえないのです。

的に協業関係を深めていき、最終的にM&Aに至ることもよくあります。最初からM&Aを見越して、オプションを獲得するためにアライアンスを実施するケースもあります。自社以外の経営資源を活用するという意味では、アライアンスとM&Aは共通していることから、本書ではM&Aにも言及します。

アライアンスの概観

(1) アライアンスの分類

　アライアンスにはいくつかの講学上の分類があります。アライアンスは、本質的には自社の戦略目標を達成するにあたって不足する経営資源の調達であることに変わりないのですが、代表的な分類としては、事業開発ステージでの分類、事業ドメインから見た分類、経営資源の調達先となるパートナーの属性による分類、経営資源の調達方法による分類、獲得したい経営資源による分類がありますが、ここまで「経営資源」という言葉を用いてアライアンスについての説明を進めてきたとおり、本書においては経営資源の視点から、アライアンスの進め方を整理します[5]。

(2) アライアンスのストラクチャー

　アライアンスにおける企業間の関係は、大きく分けると、契約のみに基づいて結びつくものである**業務提携**と、契約に加えて資本に基づいて結びつく**資本提携**、ジョイントベンチャーに分類できます。

5　経営資源とは、プロダクトやサービスを生み出す企業活動に利用される「ヒト」・「モノ」・「カネ」・「情報」といった資産のことであり、より具体的には、人材・組織資源、技術・プロダクト・知財資源、生産資源、販売資源、財務資源、無形資産（ブランド）などが想定され、獲得や交換の目的となる経営資源は1つとは限りません。

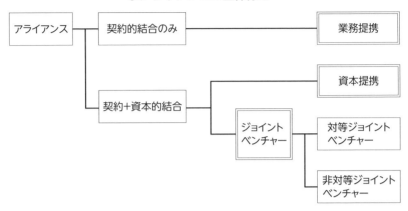

◎アライアンスの全体像◎

① 契約的結合のみのアライアンス

　契約的結合のみのアライアンスとしては、「業務提携」があります。

　契約のみにより結びついているため、業務提携は柔軟性に富んでいるという特徴があります。企業間の連携が契約に基づく結びつきにとどまる場合には、契約条件の変更につき合意すれば、アライアンスの内容を変更することができます。そのため、現代のソフトウェア産業・テクノロジー産業のように、環境の変化が大きく、将来が見通しにくい場合などにおいては、事後的に企業関係を見直すことのできる「契約的結合のみのアライアンス」である業務提携は使い勝手のいいアライアンス形態といえます。

② 資本的結合もあるアライアンス

　契約的結合に加えて、資本的結合もあるアライアンスは、次の２つに分類できます。１つ目は、少数出資、株式交換、株式譲渡などを通じて企業の株式を他社から取得することにより、その企業と結びつく「資本提携」です。なお、取得する株式が過半数を超える場合には、一般的には買収として扱うので、資本提携における出資は少数株主としての出資に限定されます。２つ目は、新たな資本を相互に拠出し合って、共通の目的を達成するための法人である合弁会社を設立する「ジョイントベンチャー」です。

　業務提携であれば、基本的には契約を解除することによって関係は解消

します。これに対して、出資した会社の株式の買取りや第三者への処分が必要になる資本提携は、その見直しや解消を行うことは簡単ではありません。つまり、資本関係を構築した企業間の連携は柔軟性に欠けるため、競争環境の変化が激しい業界ほど、資本的結合に基づくアライアンスを避けることにメリットがあります。

しかし、柔軟性に欠けることの裏返しとして、アライアンスパートナー間の連携は非常に強固なものとなります。資本関係の見直しが難しいことに加えて、出資比率によっては一方の企業の業績が他方の企業の業績に影響を与えるので、お互いのアライアンス成功に対する「覚悟」のレベルは高いものとなります。そのため、アライアンスを進めるなかで想定外の事故が起きたり、競争環境の変化に見舞われたりなど、何らかのトラブルに直面しても、それを何とか克服しようとするのです。したがって、経営戦略上重要なアライアンスには、資本関係を伴うケースが多いといえます[6]。

また、解消が難しいこと、業績が互いに影響し合うこと、比率によっては出資対象企業やジョイントベンチャーがグループ会社や子会社となることから、資本的な関係を構築する際には慎重なデューデリジェンスなど、比較的コストや時間のかかるプロセスを経るのが一般的です。

> **ポイント**
> - 契約的結合のみのアライアンスである「業務提携」は、変化の激しい今日、事後的見直しが可能であることから使い勝手がよい
> - 資本提携やジョイントベンチャーは、柔軟性に欠ける反面、アライアンスパートナー間の連携は非常に強固

---

6 最近の例では、ZホールディングスとLINEの新設持ち株会社を通じた経営統合が代表的です。

3 アライアンスの難しさ

　前項までに説明したとおり、昨今の競争環境に照らせば、アライアンスを使いこなせるか否かは企業経営においてとても重要です。

　しかし、アライアンスを従前より積極的に推進してきた経験のある企業でない限り、使いこなすことは非常に難しいといえます。その主な理由は、多様な関係者・異文化の理解が必要であること、多様な要素の考慮が必要であること、多様なスキルが必要であること、の3点にあります。

多様な関係者・異文化の理解が必要

(1) 多様な社内関係者

　まず、アライアンスが難しいとされる1つ目の理由は、アライアンスを実施する際に多様な関係者が登場し、かつ、アライアンス相手の背景となる文化が異なることが多い点にあります。

　アライアンスを実施する際には、戦略から逆算してどのような経営資源が必要となるかの検討が必要であるため、当然ながら経営の舵取りをする企業経営トップとのコミュニケーションが欠かせません。また、アライアンスは事業の拡大に資するものであるため事業責任者とのコミュニケーションも不可欠となります。そして、昨今ではアライアンスを通じた技術的な連携も必要になるケースも多く、その場合には技術者やエンジニアとのコミュニケーションも欠かせません。加えて、資本提携やジョイントベンチャーを実施する場合には、出資の検討や、契約書のレビューのために、外部専門家を含めてファイナンス担当者やリーガル担当者とのコミュニケーションも必要となります。

　なお、アライアンス契約の大枠の条件にも合意したような交渉後半の局面で、例えば法務的な問題が見つかった場合には、アライアンス自体が中止となるリスクや、改めて実施する交渉に膨大な時間やコストがかかる可能性もあります。したがって、アライアンスのプロジェクトでは、初期の段階から管理部門のメンバーとの密接に連携することも意識しておく必要があるといえます。

　加えて、アライアンスを推進するのは、つまるところ「人」であるため、パートナー企業のメンバーとの良好な人間関係・人的交流を確保することもきわめて重要です。そのため、場合によっては人事関連の責任者とのコミュニケーションも必要となります。

　このように、アライアンスは全社的な経営戦略を推進するための手段であり、部署を横断したステークホルダー間の利害の調整が求められるため、「縦割り」が強く浸透している企業では、戦略的なアライアンスの実行スピードが落ちてしまう可能性もあります。

(2) 多様な社外関係者

　そして、これは自社内部だけの話ではなく、アライアンスの相手方企業においても同様です。アライアンスを推進するにあたっては、実に多様なステークホルダーが登場することになるのです。

　アライアンスの相手となる企業は、もちろん自社と同規模の可能性もありますが、自社が大手企業である場合には、相手が規模の小さいベンチャー企業である可能性もあります。その逆のケースもあります。もちろん、大手企業同士あるいはベンチャー企業同士であっても、それぞれの企業文化は異なるため、企業間のコミュニケーションは簡単ではありませんが、相手が歴史や規模の異なる企業である場合には、意思決定のフロー（説明方法や求められる資料の粒度など）やスピード、相対する担当者の企業内での地位や当該企業内でのモチベーションの源泉などが異なるため、コミ

ュニケーションにはより一層の難しさが伴います[7]。

　アライアンスを推進するにあたっては、こういった文化的なギャップが存在することをあらかじめ認識したうえで、それを埋めるような工夫を加えたコミュニケーションをとることが必要となってきます。これらのギャップを認識せずに、自社内のコミュニケーションをそのまま用いてしまうと、ミスコミュニケーションによってアライアンスが成立しない、あるいは失敗してしまう可能性があります。

多様な要素の考慮が必要

　アライアンスが難しいとされる2つ目の理由は、アライアンスを推進するために考慮すべき要素が、以下のように非常に多岐にわたる点にあります。

(1) 経営戦略の理解

　アライアンスは、戦略目標、あるいは企業戦略上の目標を達成するための手段であるため、当然ながら、戦略全般の理解が必要となります。

(2) 契約実務の理解

　加えて、アライアンスの戦略を検討するにあたっては、「資本提携を選択するべきか、シンプルな業務提携を選択するべきか」あるいは「資本提携のみにとどめるか、経営支配権も獲得できるM&Aを選択するべきか」といったストラクチャーに対する判断も求められます。そして、アライアンスの条件は最終的には契約書に落とし込まれるため、契約実務の理解も必要不可欠となります。

7　アライアンスの相手が外国の企業の場合には、交渉や事業推進のスタイルも含めて、大きな文化的ギャップがあります。例えば、中国企業は、アライアンスを実施する場合にも、達成できる確度がそれほど高くなくても、大きな目標を掲げることを重要視する傾向があります。高い目標を掲げられない場合には「自信がない」「やる気がない」と思われてしまう可能性があり、現実的な目線を示そうという日本企業の誠実さが、裏目に出てしまう可能性もあるのです。

（3）組織運営の理解

　さらに、アライアンスがスムーズに推進される体制構築、組織設計、インセンティブ設定、その他ソフト面での個人的な交流を設ける必要があります。それこそ、古いスタイルの人的交流であると批判されることも少なくありませんが、「飲み会」といった懇親会を通じて担当者同士の親睦を深めることも侮れません。アライアンスの推進には、こういった広い意味での人事的なノウハウも求められることになります。

多様なスキルが必要

　上記の多様な考慮要素とも関連しますが、アライアンスが難しいとされる3つ目の理由は、アライアンスを推進するためには、(1)経営戦略・事業戦略策定のスキル、(2)専門知識・専門スキル、(3)調整スキルの3つについて、それぞれ高い水準が求められるという点にあります。より詳細なスキルセットについての説明は、『ネットワークアライアンス戦略』（高橋透、渕邊善彦著、日経BP社）をご参照ください。

（1）経営戦略・事業戦略策定のスキル

　アライアンスは、自社の戦略を実現するための経営資源の獲得手段です。したがって、経営戦略・事業戦略それ自体と、戦略上の目標を具体的かつ十分に理解していない限り、適切なアライアンスを推進することはできません。

　また、アライアンスパートナーが将来的に力をつければ、ライバルとして自らを脅かす存在になる可能性もあるため、中長期における業界動向や競争環境の見通しを予測、分析するスキルも必要です。

　アップルがiTunesを立ち上げる時点では音楽会社のほうが立場的に優位でしたが、その後iTunesが音楽販売について覇権を握ることは予想していなかったため、1曲99セントという低価格で楽曲を配信するという条件に同意しました。しかし、今となってはデジタルでの楽曲配信が主流となり、iTunesミュージックストアは世界一の音楽販売プラットフォーム

になりました。音楽会社はシングルの値段を上げるようアップルに求めましたが、すでにiTunesの販売資源に依存しているという構図ができ上がってしまっていたため、強気の交渉をすることはできませんでした。

このように、経営戦略・事業戦略を企画・理解するためには、競争環境の分析、ビジネスモデルの設計、バリューチェーンを含めたポジショニング戦略などのマクロ的な側面における経営戦略・事業戦略スキルが必要となります。

これに加えて、アライアンスそのものを成功に導くため、売上や利益の計画、投資採算計画などの事業管理・重要業績評価指標（KPI）管理スキルも求められます。

(2) 専門知識・専門スキル

経営戦略、事業戦略、そしてアライアンス戦略を策定するためには、プロダクト、技術、開発、ロジスティクス、セールス、ブランド、マーケティング、その他バックオフィスに関する専門知識やこれらを統合的に整理・分析するスキルが求められます。

また、アライアンスのパートナー候補が、目的を達成するために本当に適切なパートナーであるかどうかを見分ける必要もあります。このようなスキルは、アライアンスのパートナー候補企業が保有する（と主張する）経営資源の実態を調査・分析・評価する作業であるデューデリジェンスでも求められるものです。例えば、新規技術の開発を行うベンチャー企業とのアライアンスを実施したものの、実際にその技術は実態がなかった、あるいは想像していた水準に達していなかったケースなども発生しえます。いくらパートナー候補企業の対外的な評判がよく、あるいは、信頼関係があったとしても、パートナー候補企業の説明を鵜呑みにせず、エビデンスに基づいてデューデリジェンスをすることは不可欠の作業といえます。

(3) 調整スキル

「多様な関係者」として紹介したとおり、アライアンスを推進するにあたっては、大きく分けて、①起用している外部専門家も含めた自社サイド

関係者とのコミュニケーションと、②アライアンスのパートナー企業サイドの関係者とのコミュニケーションが必要となります。

① 自社サイド関係者とのコミュニケーション

　自社サイドとはいえ、それぞれの責任者・専門家にはそれぞれが守るべき価値・ルール・プロセスがあり、これらが相互に矛盾するケースも少なくありません。例えば、事業戦略の観点からいかに魅力的な資本提携であっても、出資に際してのバリュエーションが高すぎるなどの財務的な課題が残るようなケースもありえます。また、パートナー企業とのプロダクトの連携が自社の事業戦略の観点から非常に有用であったとしても、連携のための技術的ハードルが高く、多くのエンジニア工数を割く必要があり、他の事業の進捗に悪影響を及ぼしうるケースもあります。

　このように、アライアンスにおいて、すべての論点が完璧に解決されることは滅多にありません。そこで、自社の経営戦略の観点から、受け入れてはならない課題・リスクと、受け入れ可能な課題・リスクとを整理して、自社サイドの責任者・専門家を説得することが求められるのが一般的です。

② アライアンスのパートナー候補企業サイドの関係者とのコミュニケーション

　パートナー候補企業の責任者・専門家にもそれぞれが守るべき価値・ルール・プロセスがあり、かつ、パートナー候補企業は交渉相手ということもあり、主張が対立する場面は少なくありません。しかし、最終的にアライアンスを実行に移すためには、対立する主張を1つひとつ整理していく必要があります。

　自社とパートナー候補企業は、アライアンスを通じた経営資源の交換を通して達成したい戦略目標は概ね一致しているはずであり、その共通目標を達成するための工夫を柔軟に提案し、また、パートナー候補企業からの提案を柔軟に検討する姿勢をもって、調整する必要があります。

考慮すべき時間のスコープが長い

　アライアンスとは、独立した企業同士が、共通の目的のために経営資源を交換する、継続的な連携関係です。この協業の期間は10年に満たないケースもありますが、30年以上にわたるケースも少なくありません。そのため、アライアンスを推進する場合には一定期間において社会情勢、競争環境や技術環境がどのように変化するかについての見通しも必要となります。前述のようにアライアンスパートナーが将来的に力をつければ、ライバルとして自らを脅かす存在になる可能性すらあり、そういったリスクまで考慮する必要があります。

　しかし、特に現代においては、とりわけ技術変化が激しいため、5年後の技術環境、競争環境、人々のライフスタイルを見通すことすら難しいのが現実です。場合によっては、法規制が変化することで事業の前提条件、事業構造が根底から覆される可能性すらあります。

　そこで重要なのは、まずはこういった変化の激しさを自覚し、将来の見通しの悪さや自社の予測が的中しない可能性も考慮したうえで、アライアンスの合意内容に柔軟性やバッファを持たせておくことです。一方で、アライアンスの合意内容があまりに抽象的なものである場合、それぞれが具体的にどういうアクションを起こすべきなのかが曖昧になるため、アライアンスの当初の目的すら実現できない可能性があります。

　したがって、アライアンス当事者間のコミットメントや具体的なアクションプランを確保しつつ、将来の環境変化に柔軟に対応できるような、バランスの取れた合意内容の設計が必要となります。

ポイント

- アライアンスのプロジェクトをスムーズに進めるためには、①多様な知識・スキルを駆使し、②多様な利害関係を調整しつつ、③中長期の未来も視野に入れる必要がある

4 アライアンスの進め方の全体像

アライアンスの推進プロセス

　実際にアライアンスをプロジェクトとして進める場合、大枠としては、戦略策定→パートナー選定→交渉準備→交渉→契約締結→プロジェクト推進というステップを踏みます。

◎アライアンスの進め方◎

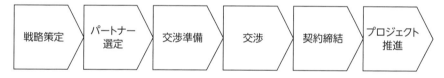

戦略策定　→　パートナー選定　→　交渉準備　→　交渉　→　契約締結　→　プロジェクト推進

（1）戦略策定

　アライアンスの戦略策定プロセスとは、何を目的としてアライアンスを実施するかという戦略を定めるプロセスです。アライアンスは、顧客に対しての価値を提供するための経営資源の調達手段の１つにすぎないため、ファーストステップとして戦略を策定することが不可欠です。詳しくは、「第2章　アライアンスの戦略策定」にて解説します。

（2）パートナー選定

　パートナー選定とは、アライアンスを実施する場合の相手方を選定するプロセスです。アライアンスは、パートナー企業間において経営資源をお互いに交換する長期的な事業連携です。一方で、パートナー企業はお互い、

独立した企業として、それぞれの思い描く経営戦略・事業戦略を持っています。この利害の違いを乗り越えられるようにするには、どのような方法で、どのような相手方を選定するべきなのかについて、「第3章　アライアンスパートナーの選定」にて詳しく解説します。

(3) 交渉準備・交渉

　アライアンスにおいて実際に成果を挙げるためには（契約書に書かれていない内容も含めて）適切な合意をしておく必要があります。そして、適切な合意を実現するには、自社の置かれている状況や自社が求めるものを事前に整理し（交渉準備）、それを踏まえて相手と適切にコミュニケーションをとる必要があります（交渉）。具体的な準備や交渉のポイントについては、「第4章　アライアンスにおける交渉プロセス」にて詳しく解説します。

(4) 契約締結

　アライアンスに関する諸条件は、交渉を踏まえて最終的には「契約」に落とし込まれます。アライアンスを成功に導くため、お互いの義務がしっかり果たされるように契約の文言を抜け・漏れなく調整する必要があります。一方で、アライアンスはパートナー企業間の長期的な関係を前提とするため、当初想定していなかった事情変更に備えて、契約にも一定の柔軟性が必要となります。具体的なポイントについては、「第5章　アライアンス契約に共通のポイント」と「第6章　契約類型ごとのポイント」にて詳しく解説します。

(5) プロジェクト推進

　実際にアライアンスを通じて事業を推進するためには、アライアンスの内容に応じた制度設計・体制整備が必要になります。このような体制整備は、アライアンス契約の締結完了を待って開始するのではタイミングとして遅く、契約交渉と並行して準備を進めて、契約締結完了日あるいはクロージング日からアライアンスの推進に着手できるようにしておくことが重

要です。プロジェクト推進のプロセスについては、「第7章　アライアンス成立後の進め方」にて詳しく解説します。

> **ポイント**
>
> ・アライアンスを進める際、（1）戦略策定、（2）パートナー選定、（3）交渉準備のプロセスを忘れずに実施することが重要

第 2 章

アライアンスの戦略策定

1

アライアンス戦略策定のポイント①
アライアンスとは手段である

▍戦略策定プロセスでの留意点

　アライアンスを推進する最初のステップとして、まずはアライアンスを進めるにあたっての羅針盤となる、アライアンス戦略を策定する必要があります。その際に留意しておくべきポイントは、次の5つです。

◎アライアンス戦略策定にあたっての注意点◎

① アライアンスとは手段である
② 戦略目標から逆算して考える
③ 入手したい経営資源を具体的に特定する
④ 手段としてアライアンスが適切かを検討する
⑤ アライアンスの実行可能性を検討する

　1つ目のポイントは、「アライアンスとは手段である」と確認することです。
　例えば、大手企業においてはいわゆる「オープンイノベーション」を推進しなければならないという社会的な要請があり、また、それが全社的なアクションリストに含まれているために、ベンチャー企業とのアライアンスを実施すること自体が目的となってしまうケースもあります。また、M&Aやジョイントベンチャーなどは、言葉としてキャッチーかつインパクトがあるがゆえに、企業活動の積極性を対外的に打ち出すという側面か

らも、その実現自体が目標となってしまうようなケースもあります。

　一方で、ベンチャー企業としても大手企業からアライアンスの打診があった場合に、まずはプレゼンスを向上させたいという動機で、内容にかかわらずアライアンスを実施したいと考えてしまうケースもあります。もちろん、プレゼンスを向上させるという点が当該事業フェーズにおいて戦略上重要なのであれば、そのアライアンスには何の問題もありません。しかし、漠然と「大手企業と組んでいる」という点をアピールするためのアライアンスは、むしろ事業を推進するうえで有害ですらありえます。また、競合他社が別の大手企業とアライアンスを組んだため、自社も同様の打ち手に出る必要があるのではないかという不安感からアライアンスを実施しようとするケースもあります。その際には、競合他社のアライアンスがどういった影響を自社に及ぼしうるかという点を冷静に分析したうえで、自社の戦略を見直すことが先決であり、手段としてのアライアンスに飛びつくことは避けるべきことです。

　アライアンスは、繰り返しになりますが、戦略目標を達成するための、より具体的には、顧客に対しての価値を提供するための経営資源の調達手段の1つにすぎず、決して目的ではありません。

ポイント

・アライアンスは、経営資源の調達手段の1つにすぎず、決して目的ではない

2

アライアンス戦略策定のポイント②
戦略目標から逆算して考える

目標達成に最適な手段を選ぶ

　2つ目のポイントは、アライアンスが手段である以上、ゴールである「戦略目標から逆算して考える」ことです。

　アライアンスの戦略を策定する際には、まずは戦略目標を明確にして、それを達成するための最適な手段を選ぶ観点から検討しなければなりません。アライアンスではなく、例えば必要な経営資源を自社で調達することが、定めた戦略目標の達成に最適なのであれば、アライアンスの実行はむしろ遠回りになりえます。

　ところが、自社の戦略目標が不明確なままパートナー候補企業と接触してしまうことも少なくありません。また、アライアンスを打診されたとおりに受動的に検討を進める場合にも、戦略目標が不明確なままになりがちです。これらの場合、必ずしも適切とはいえないアライアンスを実施することになり、結果的に自社の事業の成長を阻害する原因になりかねません。

　経営戦略および事業戦略の考え方についての詳細は専門的な書籍に譲らせていただき、以下では基本的な考え方や留意点についてのみ説明します。

ミッションとビジョンの再確認

（1）ミッションとビジョンの重要性
　まず、自社が社会に対してどのような価値を提供するのかという観点を確認するために、企業としてのミッション・ビジョンを改めて確認するこ

とが重要となります。ミッションとは、会社がその経営を通じて、何を使命として何を成し遂げたいかという会社の存在意義を表現したものです。ビジョンは、ミッションにて表現された会社の存在意義をベースに、会社・組織が目指す将来の理想の姿を表現するもので、理念と呼ばれる場合もあります。本書では、以下、ミッション・ビジョンをあわせて単に「ミッション」と呼びます。

　ミッションは、会社の活動範囲・方向性を定義するという意味で、会社が何をすべきか、そして「何をすべきではないか」を決めるための指針として重要なものです。ミッション実現に不要な活動を削ることで、必要なところに適切に経営資源を配分することが可能になり、今やるべきことを決められるという意味で、経営のバックボーンにもなるものです。

　そのため、ミッションは、経営戦略や事業戦略の具体的アクションであるアライアンスの重要なガイドラインともなります。また、特にミッションによって事業の推進力を確保しているベンチャー企業をアライアンスパートナーとする場合、とりわけ、ベンチャー企業を買収することで経営資源の獲得を狙う場合には、ミッションが合致しているかどうか、共感できるかどうかが、スムーズかつ長期的な協業の成否に大きく影響します。

(2) 理想的なミッション・ビジョン

　このように、ミッションは、会社の活動範囲・方向性を定義するものであるのみならず、アライアンスパートナーを含むステークホルダーの共感を呼び起こす役割があります。そのため、ミッションは「世の中にどのような変化をもたらすのか」という点が能動的な動詞・形容詞で表現されている状態が理想的です。

　例えば、グーグル社のミッションは、「Googleの使命は、世界中の情報を整理し、世界中の人がアクセスできて使えるようにすることです。」ですが、ここでも「整理する」「使えるようにする」という社会に向けた能動的な動詞が含まれています。こういった能動的な動詞が含まれるミッションのほうが、顧客や従業員はもちろん、アライアンスパートナーの共感も呼びやすいと考えられています。逆に、例えば「日本一の企業になる」といった、

自社を主語とするミッションは、アライアンスパートナーからすれば「なぜパートナーである我々がそれに協力しなければならないのか」と感じ、連帯感が弱まる可能性があるので、その打ち出し方には注意が必要です。

ポジショニング

　そのミッションの具体化である事業において、どういうポジショニングを取るのか、すなわち、どのような事業領域で戦うのかという点についての整理も求められます[1]。

　経営戦略・事業戦略とは、自社の経営上・事業上の打ち手を、競争環境の変化に適合させることなので、その際は、2〜3年というスパンの短中期および10〜20年程度の長期の未来予測も織り込み、事業の方向性を見定めることが求められます。

　ここで重要なのが、ミッションから導かれる会社の活動範囲・方向性と、会社のコアコンピタンスに従って、何に取り組んで、そして何に取り組まないかを意識的に選択することです。アライアンスを活用すれば外部から経営資源を調達することもできるため、「何を行わないか」の判断が甘くなってしまうことがあります。しかし、後述するようにアライアンスを成功させるには自社の経営資源も多分に活用するため、やはり何かに注力するためには、何かを捨てるというトレードオフを受け入れなければなりません。

> **ポイント**
> ・自社のミッション・ビジョンを達成するために最適な方法を検討する

1　どういうポジショニングを取るのかという方向性については、アンゾフのマトリックスを参照すると、①既存事業ドメイン強化、②事業ドメインのシフト・拡大、③事業ドメイン創造という3つの方向性を検討することになります。いずれの方向性を採用するかについてもさまざまな考え方がありますが、一般的には、少ない経営資源の投入であっても勝てる可能性のある「勝ちやすい事業領域」への展開が理想的であるとされています。具体的には、(A)市場規模が成長しており競合が少ない領域、(B)自社の経営資源やコアコンピタンスをいかせる領域、(C)競合が参入しにくい領域、(D)バリューチェーンの中で最も利益の獲得しやすい領域（スイートスポット）を選択することがよいとされます。逆に、それ以外の領域に対しては経営資源を投入しないというトレードオフの考え方が重要なことは本文で説明したとおりです。

3

アライアンス戦略策定のポイント③-1
入手したい経営資源を
具体的に特定する

　3つ目のポイントは、戦略目標から逆算して考えた結果を踏まえて、「入手したい経営資源を具体的に特定する」ことです。

　前項までのプロセスで戦略が明らかになったのであれば、これを達成するためにそろえなければならない経営資源を把握しなければなりません。ここで獲得や交換の目的となる経営資源は1つとは限りません。実務的には、以下の経営資源がアライアンスの対象とされることが多いといえます。

◎アライアンスの対象となる経営資源◎

(1) 人材・組織資源
(2) 技術資源
(3) 生産資源
(4) 販売資源
(5) ブランド資源
(6) 財務資源

　もちろん、自社ですべての経営資源をまかなえる場合にはアライアンスの必要はないのですが、そういう企業は多くはありません。特に、ベンチャー企業などは、常に経営資源が不足している状態です。そこで、自社に不足しており、社外に求めなければならない経営資源は何なのかを特定し、それを調達するにはどのような経営資源獲得手段を選択するのがベストなのかの判断をしなければなりません。

また、アライアンスにより獲得しようと考えている経営資源が、アライアンスを通じて他社に依存してしまってよい経営資源なのか否かについても慎重な検討が必要です。もし、当該経営資源が事業の中核的な価値を生み出すものであれば、他社に依存することは危険です。この場合には、やはり時間をかけて自社で当該経営資源を構築するか、経営権まで獲得できるM&Aを検討することとなります。

　アライアンスの対象となる経営資源は上記の6つです。それぞれの特徴、入手先となるパートナーの注意点などについて、以下の項目で説明します。なお、各経営資源のより詳細な解説については、本書の執筆に際して参考にさせていただいた『新版　アライアンス戦略論』（安田洋史著、NTT出版）を併せてお読みになることをお勧めします。

ポイント

• 自社に不足している経営資源を見極め、どんな手法で調達するかを考える。あくまでもアライアンスはその手法の1つである

アライアンス戦略策定のポイント③-2
経営資源の特徴：（1）人材・組織資源

最も重要な経営資源

　企業が求める経営資源の代表が、人材および組織的な資源です。通常は、この経営資源を最初の項目として記載することは少ないのですが、技術革新が激しく、ソフトウェアやデジタル技術が事業に対する大きいインパクトを占める現在においては、人材および組織的な資源こそが経営上、最も重要なものであると考えられるため、冒頭で紹介します。

人材・組織資源とは何か

　人材・組織資源とは、企業経営、事業の根底を支える人材そのものや組織、人材や組織に蓄積されたノウハウに関わる資産を意味します。
　これらの資産の蓄積には時間と労力とがかかることに加えて、企業固有のミッションやカルチャーに支えられて成り立っているものが多いことから、市場取引ではなくアライアンスを通じた獲得が検討されることが多いといえます。なお、ノウハウには知的財産としての側面もありますが、ここで言うノウハウは人材に紐づいていて、人材から切り離して移転できる可能性が低いものを指しており、知財資源ではなく人材・組織資源として整理します。

人材・組織資源を目的とするアライアンス

(1) 労働力としての人材を目的とする場合

　労働力を確保するという意味での人材資源の獲得も存在しないわけではありません。例えば、ベンチャー企業が、大手企業の抱える潤沢な労働力をベースにしたオペレーション力を借りるためにアライアンスを組むということも想定されます。

　しかし、大手企業の抱える潤沢な労働力というのも、実際のケースでは大手企業の販売チャネルごとに配置された販売資源としての人材や、個々の営業マンのスキルなどを指していることが多いといえます。単純な労働力としての経営資源は代替可能性が高いことも多く、アライアンスを通じて獲得するのではなく、アルバイトや派遣などを活用して調達することが一般的です。

(2) 人材の持つ知識を目的とする場合

　人材・組織資源に関しては、労働力ではなく、むしろ人材が保有しているスキルやノウハウなどの「知識」を獲得することを目的とするアライアンスが多いといえます。例えば、知識の獲得にあたって代表的なものとしては、共同研究、共同開発などといった形のアライアンスも行われています。

　スキル、ノウハウなどの知識は、競争力に直結する重要な経営資源です。特に近年においては、物理的なアセットよりも知識に高い比重が置かれるソフトウェア産業・デジタル産業が台頭しつつあります。企業は、引き続き知識の獲得・創出・活用にしっかり取り組まなければ競争力を維持することが難しくなってきています。

　この点、『新版 アライアンス戦略論』では「知識の創出と活用にとって重要なことは、専門化を進めながら、広範囲な知識を融合させ、それを広範囲なプロダクトやサービスに大量に活用するということ」であるとされ

ています[2]。

　ところが、市場取引を通じて「専門化を進めながら、広範囲な知識を融合させ、それを広範囲なプロダクトやサービスに大量に活用する」ことを実現しようとしても、個々の知識の交換や活用の範囲の調整などの手間があまりに重くなってしまいます。

　これに対して、知識の主体である企業間において、出向等を活用した人材の交流を含めた長期的かつ深い関係を構築できるアライアンスは、市場取引と比較して、より効率的に知識移転を行うことができます。実際、出向はアライアンスにおいてよく活用されます。

(3) 価値基準・プロセスとしての組織を目的とする場合

　人材や知識ではなく、「組織としての価値」を手に入れたいというケースも存在します。この「組織としての価値」は、「価値基準」や「プロセス」と呼ばれることもあります。価値基準とは、組織のなかにある明文化されていない暗黙の行動原理・行動原則のことを指します。**価値基準が明確であれば、組織は自らが生み出し、顧客に提供しなければならない価値の創出に向けた効率的な動きができるとともに、組織内での認識のズレやコミュニケーションコストを低下させることができます。**そして、プロセスとは、この価値基準が具体化された一連の業務上のアクションを指します[3]。

　このように、価値基準やプロセスは、企業のミッションを基盤として、長い時間をかけて暗黙的な知見として醸成・蓄積されてきた、短期間では構築できない模倣困難なものであるため、アライアンスの対象になること

2　『新版 アライアンス戦略論』（安田洋史著、NTT出版）。

3　例えば、クレイトン・M・クリステンセンは、次のように指摘します。「企業が理想的な顧客体験をもって競争優位を得るのは、ジョブの解決を中心に据えたプロセスをつうじてである」（『ジョブ理論』クレイトン・M・クリステンセン他著、依田光江訳、ハーパーコリンズ・ジャパン）。ここでいうジョブとは、顧客が解決したい課題を指しています。つまり、顧客の課題解決に直結する「プロセス」を獲得しているかどうかが企業の競争力に直結しているというのがクリステンセンの主張です。彼は次のように続けます。「プロセスには、公式に定義され文書化された手順と、年月とともに進歩してきた非公式な習慣的行動の両方が組み合わさっている。…（中略）…プロセスは手で触ることができない。企業と一体化している。問題を解決するたびに下してきた小さな決断が何千何万と集まって形成されるのだ。プロセスは戦略にとっても重要であり、簡単にコピーすることはできない」。

が多いといえます。例えば、多くの日本企業は、自社が醸成・蓄積したプロセスを活かして、海外企業との取引を展開してきたと考えられます。

　同様の理由から、価値基準やプロセスはそれ自体を切り出して他の組織に移転させることは困難です。そのため、価値基準やプロセスを文書化して、市場取引を通じて相手に引き渡すことはもちろんのこと、ライセンスのような形でパートナー企業に提供するようなアライアンスも現実的ではありません。また、確立された組織には、その組織に根付いた価値基準やプロセスが固着しています。既存のプロセスを維持しようとする社内の圧力は非常に強いため、そこに新しい価値基準やプロセスを導入することも、非常に難しいのではないでしょうか。

　そのため、他社の価値基準やプロセスを活用したい場合、市場取引はもちろんのこと、価値基準やプロセスのみを独立した取引対象としたアライアンスではなく、ジョイントベンチャーやM&Aなど、アライアンスパートナーとは独立した法人を活用できるストラクチャーを選択することが多い傾向にあります。そのうえで、PMIのプロセスにおいて、従業員の出向などを駆使して、価値基準自体を徐々に移転させていくという方法をとることも少なくありません。

人材・組織資源を目的とするアライアンスの留意点

　人材、組織、技術、ノウハウやスキルなどの価値の評価には実務的な専門知識が必要です。また、評価の根拠となる資料を収集するのも困難なため、アライアンスを実施する前提として、可能な範囲での顧客ヒアリングや実証実験（PoC）、そして場合によっては従業員インタビューを実施することを通じて、その人材・組織資源の価値を評価することが必要となります。

　加えて、人材資源には、個々の人材が持つスキル・ノウハウが組織と紐づいており、所属している組織の中で最も効率的に成果を発揮できるケースが多いという特徴もあります。そのため、人材資源を目的としたアライアンスを実施する際には、組織・チームごとアライアンスの対象となる事

業に携わらせなければならないのか、あるいは個々人を出向させることで十分なのかを見極めなければなりません。

　逆に、スキルやノウハウが対外的には組織に紐づいているように見えていても、実際には個々の社員（往々にしてエース社員であることが多い）に属人的に紐づいている場合もあるため、その見極めも必要です。特にベンチャー企業においてはその傾向が強いため、人材資源の獲得を目的としたベンチャー企業とのアライアンスを実施する場合には、個々の社員のスキルセットをバイネームで整理することが非常に重要となります。

　当然ながら、人々には職業選択の自由があるため、人材資源を物理的な資産のように取り扱うことはできません。また、いくらスキルやノウハウを持っていたとしても、その人材のモチベーションが低下してしまい、そのスキルを発揮できなくなってしまった場合には、人材資源獲得の当初の目的は達成できなくなってしまいます。

　したがって、人材・組織資源を獲得することが目的である場合には、アライアンスのストラクチャー選定や実行フェーズにおいて、人材のリテンションとモチベーション維持に細心の注意を払わなければなりません。

ポイント

- 人材と組織は現在の競争環境下で最も重要な経営資源である。一方で、その見極めや交換のプロセスには細心の注意が必要

5

アライアンス戦略策定のポイント③-3
経営資源の特徴：(2)技術資源

技術資源とは何か

　技術資源は、製品技術、生産技術、技術ノウハウ、ソフトウェア、特許や著作権を含む知的財産権などを指します。なお、ここでの技術ノウハウは、組織に紐づく暗黙知としてのノウハウではなく、明文化・権利化されたものを指します。

技術資源の特徴

技術資源には次の3つの特徴があります。

◎技術資源の特徴◎

(1) 長い時間をかけて開発される
(2) 同時に利用することが可能
(3) 継続的なアップデートが必要

(1) 長い時間をかけて開発される

　まず、新しい技術は、比較的長い時間をかけて、さまざまな領域の知識やノウハウを組み合わせる試行錯誤を通じて開発されるという特徴があります。

（2）同時に利用することが可能

　また、同じ技術資源を、多くの人が、同時に利用することが可能という特徴もあります。それを活用することで価値が下がることはなく、むしろ逆に多くの人が利用することで改善のフィードバックが発生し、技術資源の活用方法としての知見も蓄積され、当該技術自体がブラッシュアップされていきます。

（3）継続的なアップデートが必要

　加えて、前述のフィードバックにも関連しますが、特にソフトウェアに関連する技術資源については、継続的な改善・アップデート・保守がなされない限り、技術として「時代遅れになっていく」特徴があります。「時代遅れになる」というのは比喩的な表現ですが、実際に最近では競争環境の変化は激しく、当該技術が連携しなければならない外部の技術も変化を続けています。したがって、ある技術資源が一度「完成」したとしても、周囲の技術環境に合わせてアップデートを続けない限り、その技術資源は活躍の場を失ってしまいます。

（4）その他のポイント

① 一部の技術資源の模倣困難性は失われつつある

　なお、これらに加えて、技術資源の特徴として模倣困難性が挙げられることもありますが、明文化された技術ノウハウや、ソフトウェアのソースコードなどは複製することが可能です。知財戦略として、しっかりと特許出願することで防御するか、逆にあえて特許も出願せず、コアコンピタンスとなる技術を完全に秘匿するといった手当て（ブラックボックス戦略）をしていない限り、昨今の技術資源は模倣困難なものとは言い難いものでしょう。

② 特徴に着目した技術資源獲得戦略

　自社が戦略目標を達成するために必要とする技術を保有していない場合、特にそれが先端的な技術であれば一層、(1)の「長い時間かけて開発される」

という特徴ゆえに、自社で開発することは難しくなります。また、仮に自社で開発できる素地があるとしても、多大な時間や人的リソースが必要となりますし、変化の激しい現在の競争環境下では、時間をかけて独自開発をしている間に競合に引き離されてしまったり、あるいはマーケットシェアを確保されてしまったりする可能性が高いといえます。しかも、(3)の「継続的なアップデートが必要」という特徴ゆえに、継続的に当該技術資源に対して人的リソースを投入し続ける必要があります。

　そこで、当該技術を既に保有している企業がもしあれば、(2)の「同時に利用することが可能」という特徴を活かして、例えばそれを使用するためのライセンスを受けることが戦略上効果的な選択となりえます。

技術資源を目的とするアライアンス

(1) 技術ライセンス

　技術資源の提供の典型的な方法が技術ライセンスです。

　技術資源のみを一定期間ライセンスするのが、技術資源を目的とするアライアンスの基本的な形ですが、最近の技術、特にソフトウェアに関連する技術資源には、継続的な改善・アップデート・保守が不可欠になりつつあるため、ライセンスと併せて、継続的な技術支援やコンサルテーションなども加えた連携の実施が増えてきています。人的な交流や、それぞれの技術資源を持ち寄ることを前提とした共同研究契約や共同開発契約などが選択されることもあります。

　また、技術には「同時に利用することが可能」という特徴があるため、ライセンスの対象となる技術を保有する企業は自らその利用をしながらも、複数の会社に対してもライセンスを許諾して同時に技術を利用してもらうことができます。この特徴を活かして、業界自体を発展させることによりマーケットを拡大するため、あるいは、デファクトスタンダードを獲得してエコシステムのリーダーとなるために、特定企業と組むのではなく広く技術資源を業界のプレイヤーに提供するケースもあります。これも広い意味でのアライアンスです。

例えば、即席ラーメンの製法の基本特許を獲得した日清食品は、当初は技術を自社で独占していましたが、最終的には業界全体を発展させるために競合各社に実施権を与えました。また、インテルも、自社の技術の特許は取得しつつも、基本的には囲い込まず、他社に対してライセンスし、加えて、特許権を保有する企業同士がお互いの技術を無料で利用できるクロスライセンス契約を積極的に取り交わしてきました。

（2）補完生産者への支援

業界のデファクトスタンダードを獲得するという観点からは、ライセンスをオープンにするだけでなく、自社がリーダーシップをとるエコシステムへの追加投資を促すために、補完生産者への支援を実施するという取り組みも有効です。

例えばマイクロソフトは、自社OS向けのアプリケーションの開発の支援を目的として、開発に役立つサンプルコードを含むソフトウェア開発キットをアプリケーション開発者に提供し続けてきました。

（3）ホワイトレーベルライセンス

なお、技術資源の交換の方法として、最近のソフトウェア産業においては、ホワイトレーベルライセンス（ソフトウェアOEM）が活用されるケースも増えています。ホワイトレーベルライセンス（ソフトウェアOEM）は、ライセンシーの視点からすると、モジュール化されたソフトウェアの提供を受けて、自社のブランドで当該ソフトウェアの再販を実施するものであり、技術資源の提供を受けて、自社のブランド資源や販売資源を組み合わせるアライアンスです。

技術資源を目的とするアライアンスの留意点

前述のとおり、特にソフトウェアに関連する技術資源については、継続的な改善・アップデート・保守がなされない限り、技術として「時代遅れになっていく」特徴があります。また、同じ技術資源を、多くの人が、同

時に利用することができるという特徴もあります。

　そのため、アライアンスの目的となる技術資源は、その外縁が不明確となってしまうケースがあります。技術資源は、明細書や仕様書等に文書化されていたとしても、技術資源そのものは無形であり目に見えません。しかも技術資源は、継続的に改善・アップデートが加えられて、変化し続ける資源でもあります。

　そのため、アライアンスの際には、契約等において対象となる技術資源の範囲について具体的な検討と合意をしておかない限り、認識の離齬_{そご}が発生する可能性があるので注意が必要です（詳細は第5章を参照）。

ポイント

- 技術資源は長期間かけて開発され、かつ、アップデートし続ける必要があることを踏まえて、アライアンスの対象とするべき

6

アライアンス戦略策定のポイント③-4

経営資源の特徴：(3)生産資源

生産資源とは何か

　生産資源とは、プロダクトを生み出すために用いられる設備・工場・生産方式、生産組織、およびそこで加工の対象となる部品・材料を指します。

　生産資源の特徴としては、大きな投資をしてはじめてこれを経営資源として確保できる点が挙げられます。また、生産資源に対する設備投資をした場合、需要が減退したとしてもその設備を稼働させ続けなければならず、稼働させない場合には損失が発生してしまう点も特徴の1つです[4]。

生産資源を目的とするアライアンス

　最初に大きな投資が必要であるという点と、需要の減退に柔軟に対応できないという課題を克服する方法として、生産委託によってアライアンスパートナーが有する生産資源を活用することが考えられます。生産委託を採用すれば、委託者としては、投資した生産設備が陳腐化し、使い道がなくなってしまうというリスクもなくなります。例えば、生産委託によってアライアンスパートナーが有する生産資源を活用する「ファブレス」の代表的メーカーとしては、アップルやクアルコムが挙げられます。彼らは、

4　技術の変化が速い業界においては、投資した設備そのものが時代遅れのものとして需要が減退してしまうケースもあります。物理的なプロダクト、ハードウェアの生産においては規模の利益を実現しうるため、生産規模を大きくすることが競争優位につながる一方で、需要が減退したとしても一度実施してしまった設備投資は元に戻らないというリスクを伴うのが生産資源です。

工場等の設備には投資せず、その分、技術開発・プロダクト設計やマーケティング分野に投資することで競争力を確立・維持しています。

　こういった生産委託は、ベンチャー企業による活用も期待されるアライアンスです。潤沢な資金があるわけではないベンチャー企業にとって、生産委託により設備投資が最小限で済み、また、新興市場の激しい変化に対応できるのは大きなメリットです。加えて、複数の工場に発注することにより競争が生じ、納期短縮やコストダウン、品質向上を同時に達成できる可能性もあります。

▍生産資源を目的とするアライアンスの留意点

　一方、最近ではIoTやロボティクス領域など、プロダクトを構成するコンポーネントの細やかなすり合わせ・調整が品質に影響するような事業や物理的なプロダクトを提供する事業を展開するベンチャー企業が登場しています。このような事業領域においては、一貫して自社で生産することではじめて、しっかりとしたプロダクトの品質管理と、生産過程でのノウハウ蓄積が可能になり、これが競争優位につながることも少なくありません。

　また、プロダクトのうち、真に競争力を発揮できる部分については自社で生産資源を保有することも検討するべきです。例えば、アップルは工場を持ちませんが、切削加工機やレーザー加工機についてはアップルが自ら投資し、製造委託先に貸与してします。

　このように、最終プロダクトを自社で生産するか、委託して生産するかについては、顧客に対して提供しなければならない付加価値を踏まえて、慎重に検討することが必要です。

> **ポイント**
> ・生産資源をアライアンスで調達するメリットは大きいが、生産プロセスのノウハウを自社に蓄積することが競争優位につながる場合もある

7

アライアンス戦略策定のポイント③-5
経営資源の特徴：(4)販売資源

販売資源とは何か

　販売資源とは、企業が保有あるいはコントロールする販売チャネル、顧客基盤を指します。ブランドも販売資源に含まれるとする立場もありますが、アライアンス方法が異なるため、本書では項目を分けて説明します。

　販売チャネルとは、プロダクト・サービスを顧客に届けるためのルートのことであり、オフラインのチャネルとしては、店舗等を通じて自社が直接顧客に販売するチャネルもあれば、代理店や小売店などの流通業者を経由したチャネルもあります。また、昨今ではECサイトやスマホアプリなどのオンラインのチャネルも、実店舗と比較して低コストで規模拡大しやすく、消費者の消費動向に関するデータを取得しやすい等の特徴から、その重要性が増してきています。加えて、ソフトウェアビジネスにおいては、ソフトウェア自体を流通させるためのオンラインプラットフォームも重要な販売資源となります。

　また、顧客基盤とは、現在における顧客、将来の取引可能性のある顧客予備軍や、その顧客に対する販売チャネルを指します。

販売資源の特徴

　販売資源には次の3つの特徴があります。

◎**販売資源の特徴**◎

① 人的資源に依存する
② 構築に時間がかかる
③ 地域特殊性がある

　販売資源の特徴として、まず、①人的な資源、つまり「そこでプロダクトやサービスを売っている人間」に依存しているケースが少なくないという点が挙げられます。販売資源の本質は、個々の営業マンが開拓した顧客との関係性であったり、営業マンの提案力・販売力であったりします。例えば、広告代理店や証券会社などの営業力に定評のある企業も、個々の営業マンの力量に依存している側面が多分にあります。

　また、人的な資源への依存性から派生する特徴として、②販売資源の構築には時間がかかること、そして、③販売資源には地域特殊性があるという点が挙げられます。販売資源は、人的な関係性をベースにすることが多いため、その構築には長い時間がかかり、地理的にも制約が生まれます。

　そのため、例えば新たな地域や海外の市場に進出する場合、販売資源を独自に構築するのではなく、現地の販売チャネルを持つチャネルパートナーがいれば、その販売資源を活用することが効率的です。

販売資源を目的とするアライアンス

　同業種間であれば、パートナーの販売チャネルを活用する、前述したホワイトレーベルライセンスを通じた販売（ソフトウェアOEM）をする、クロスセルを通じて自社でカバーできないプロダクト・サービスのラインナップを強化する、といったアライアンスが考えられます。

　一方で、異業種間であれば、プロダクト・サービスの相互補完、共同販促活動、販売チャネルの共有を通じたクロスセルなどのアライアンスが考えられます。例えば、日本の通信キャリア企業などは、消費者との接点を持つ店舗に加えて、オンラインポータルサイトやスマートフォン端末のホ

ーム画面に対する一定のコントロール権を持っている場合もあり、販売資源を有さない企業にとって魅力的なアライアンスパートナーとなる可能性があります。

販売資源を目的とするアライアンスの留意点

（1）パワーバランスに注意する

　同業種であるか異業種であるかにかかわらず、販売資源を提供するパートナーとのパワーバランスには特に注意が必要です。

　現代のマーケティングにおいては、顧客・消費者が絶対的な力を握っているといわれますが、必ずしもすべての企業が顧客・消費者に直接アクセスできるわけではありません。一般に、企業と消費者との間には仲介者としてのチャネルパートナーが存在しています。いわゆる代理店と呼ばれるプレイヤーや、小売業もこれに該当します。Ｂ２Ｂのプロダクトであれば、最近ではコンサルティング会社がチャネルパートナーになることも少なくありません。

　チャネルパートナーはサービスやプロダクトを市場に流通させる見返りとして手数料を取りますが、それにとどまらず、顧客や消費者とのコミュニケーション接点をも提供します。そのため、顧客や消費者からは、サービス提供者・メーカーよりもチャネルパートナーが重要な存在として認知されていることもあります。特にインターネット産業やデジタル産業では、顧客や消費者は、チャネルパートナーに対して、プロダクト・サービスの目利き、コンサルテーションや導入支援をしてくれる「付加価値再販業者」としての深い信頼を寄せることが多いといえます。顧客・消費者は、付加価値再販業者は解決策を提供する能力がある一方で、サービス提供者やメーカーはコモディティである構成部品を提供しているにすぎないと認知してしまうケースすらあります。

　それにもかかわらず、サービス提供者やベンダー・メーカーはチャネルパートナーのパワーを軽視しがちです。確かに、革新的なプロダクト・サービスを世に放った直後においては、サービス提供者やベンダー・メーカ

ーのほうが力関係では上です。サービス提供者やベンダー・メーカーは、そのときの力関係がいつまでも持続し、もし気に入らなければもっと要求を受け入れてくれる他のチャネルパートナーにいつでも乗り換えられると考えてしまうケースが少なくありません。

　しかし、サービス提供者やベンダー・メーカー間において競争が発生しプロダクト自体の革新性が薄れ、かつ、顧客・消費者とのコミュニケーション接点において一定の付加価値を発揮するようになった場合には、チャネルパートナーの力は増大し、パワーバランスが逆転し、サービス提供者やベンダー・メーカーの収益性に悪影響が及ぶことすらあります。プロダクト・サービスを提供するプレイヤーの力と、販売資源を提供するプレイヤーの力は、循環的に入れ替わる傾向があるのです。

◎顧客との接点の重要性◎

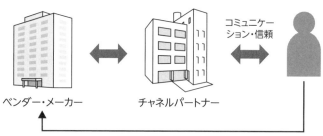

ベンダー・メーカー　　　チャネルパートナー

コミュニケーション・信頼

代替可能な存在と認識

（2）パワーバランスの具体例

　なお、このパワーバランスが相当程度固定化されてしまっている例としては、アプリケーション開発企業と、そのプラットフォーマーであるグーグルやアップルがいます。アプリケーション開発企業にとっては、アプリケーションを開発したとしても「リジェクト」されてしまっては消費者に届けることができないため、消費者との接点を支配しているグーグルやアップルなどのプラットフォームとの関係を維持できるかどうかが死活問題となっています。その力関係を利用して、アップルやグーグルは、高率のプラットフォーム手数料を徴収しています。

　サービス提供者やベンダー・メーカーとしては、チャネルパートナーに生殺与奪の権利を与えずに中長期的な目線で安定した事業展開を行いたいのであれば、チャネル等の販売資源を自社で獲得し、顧客・消費者との接点を維持することが戦略上非常に重要になります。

　例えば、定額動画ストリーミングサービスを展開するNetflix社は、アップルが提供するiOSアプリ内課金による利用料の支払いを、2018年12月末をもって終了しました。アップルのプラットフォーム経由で利用料の支払いを受ける場合に、プラットフォームに支払う高額の手数料が発生するため、Netflix社は自社サイトでのユーザー登録を通じて直接ユーザーから利用料の支払いを受けることとしています。

　また、最近登場した「D2C」という概念も、この流れをくむものと考えられます。D2Cは「Direct to Consumer」の略で、消費者に対してメーカーが直接プロダクトを販売する仕組みのことです。つまり、自社で企画、製造したプロダクトを自社の販売チャネル（多くの場合は少数の実店舗とインターネットの販売資源であるECサイトの組み合わせ）で販売するビジネスモデルのことで、消費者とのコミュニケーション接点を維持でき、その結果、ユーザーの消費動向等に関するデータも分析して商品企画やマーケティング施策に反映させることができるのが特徴です。最近ではベンチャー企業が自社プロダクトを開発し、D2Cの仕組みを用いて、消費者にプロダクトを販売するケースが増えてきています。

> **ポイント**
> ・販売資源の構築には長い時間がかかるので、新たな地域や海外の市場に進出する場合、現地の販売チャネルを持つチャネルパートナーがいれば、その販売資源を活用するのが効率的
> ・チャネルパートナーに影響されない販売資源を獲得し、顧客・消費者との接点を維持することが戦略上、非常に重要なこともある

8

アライアンス戦略策定のポイント③-6
経営資源の特徴：(5)ブランド資源

ブランド資源とは何か

　ブランド資源とは、プロダクト・サービス自体の名称、そのイメージや、それを販売する企業の信用を指します。企業あるいはプロダクト・サービスに強力なブランドがあれば、仮に価格が高くても需要が落ちないため、ブランドは販売資源の一種だといえます。

ブランド資源の特徴

　ブランドには、次の2つの特徴があります。

◎ブランド資源の特徴◎

① 構築に時間がかかる
② 地域特殊性がある

（1）ブランド資源は構築に時間がかかる

　ブランド資源も販売資源の一種であることから、その構築には時間がかかります。

　ブランドを構築するためには、時間とお金をかけて広告等を繰り返し行うことが必要なのはもとより、カスタマーサポート等の補完サービスを含めたプロダクト・サービスのクオリティを維持して、顧客に対して十二分

な価値提供を続けなければなりません。SNSなどで口コミや評判が一瞬で拡散される現代においては、後者のクオリティコントロールやカスタマー・サクセスの取り組みが特に重要となります。

(2) ブランド資源には地域特殊性がある

　また、地域特殊性があるのも販売資源と同様です。全世界的に広告や販売キャンペーンを実施できる場合を除けば、こういった活動はまずは特定のエリアにおいて行うので、ブランドには地域特殊性が生まれます。日本国内において強力なブランド力があったとしても、外国において広告やマーケティングを展開して一定の認知を獲得しない限り、それが外国の顧客に対するブランドとなるわけではありません。インターネットの普及により徐々に国境の概念はなくなりつつある今日、依然として「Made In Japan」には一定の価値があるものの、やはりそれぞれの地域ごとの顧客向けに広告やマーケティングを積み重ねていかなければ、各地におけるブランドを築き上げることは難しいのが現状です。

　そのため、例えば新たな地域の市場に進出する場合、ブランドを独自に構築するのではなく、現地にてブランドを確立しているパートナーがいれば、そのブランドを活用することも効率的です。

ブランド資源を目的とするアライアンス

(1) フランチャイズ

　ブランド資源の提供方法としては、フランチャイズによるアライアンスがあります。フランチャイズとは、一方のパートナーであるフランチャイザーがブランド資源や技術資源である販売や接客等に関するノウハウを提供し、もう一方のパートナーであるフランチャイジーが販売資源である店舗や販売員などを提供するアライアンスです。コンビニ、ファーストフードなどの小売・飲食業界、あるいはスポーツクラブ、美容院、エステサロン、介護、クリーニング、学習塾など、チェーン展開を行うサービス業界で一般的なアライアンスです。

(2) OEM

　販売委託として販売店の販売資源を活用しつつ、これと併せて販売店のブランド資源も活用して販売するアライアンスがOEMです。OEMとは、Original Equipment Manufacturingの略語であり、一般的には、メーカーが他社ブランドのプロダクトを製造する取り組みを指します。OEMの一般的なビジネスモデルは、メーカーが委託者のブランドを冠したプロダクトを製造し、委託者はそのプロダクトをメーカーから所有権を取得して再販売するというものです。

　その派生系としてのホワイトレーベルライセンス（ソフトウェアOEM）も、ブランドを目的としたアライアンスです（詳しくは49ページを参照）。

(3) その他の方法

　なお、フランチャイズやOEMの形態をとらずとも、ブランド力あるいは信用力ある企業が自社のプロダクト・サービスを利用しているという実績を作り、これをプロモーションに利用するだけでも、当該ブランドの恩恵に浴することができるといえます。

　そのため、例えば、ベンチャー企業としては、大手企業との資本提携の内容として、自社のプロダクト・サービスの利用を義務付け、その実績をプロモーションに利用する権利を獲得できれば、一定のブランド資源の獲得が可能になります。特に、大手企業向け業務支援ツールなど、プロダクトの安定性やセキュリティーが重視されるプロダクトを展開するベンチャー企業としては、大手企業の利用実績を上手に活用したいところです。

ブランド資源を目的とするアライアンスの留意点

(1) ブランド資源の価値を見極める

　ブランドの価値は、社会情勢の変化、顧客の価値観の変化、競合の参入、これらに伴う競争環境の変化の影響を受け変動しやすいため、ブランド資源の提供を受ける企業としては、ブランド資源を保有するパートナー企業

の事業やその競争環境についてしっかり理解したうえで、当該ブランドに
どれだけの価値があるのか、それに中長期的な持続性があるのかをしっか
り見定める必要があります。

（2）自社ブランドの構築にも配慮する

　ブランドが販売資源の一種であるといわれるのは、それが顧客・消費者
の脳内に築き上げられた企業との重要な接点だからです。この接点がある
からこそ、仮に価格が高くても顧客・消費者が離れていかないのです。他
社が保有する既存のブランドを利用することでサービス・プロダクト自体
のプレゼンスを高めることはもちろん可能ですが、他社のブランドに依存
している限り、自社として顧客のマインドシェアを獲得することはできま
せん。そのため、フランチャイジーに徹する、あるいはOEMに徹すると
いう戦略を明確に採用している場合を除き、他社の既存ブランドに飲み込
まれないように注意しつつ、自社のブランドも並行して構築しなければな
りません。

　もちろん、商品力・技術力があるが、創業から間もないスタートアップ
からすれば、構築に時間を要するブランド資源は入手困難なものの1つで
あり、ブランドを目的としたアライアンスも事業戦略上有効であることも
多いといえます。しかし、最近では、例えばスマートニュースやメルカリ
のように、ベンチャー企業であっても、調達した資金をテレビCMに投下
するなどして自社でそのブランドを構築するケースも登場してきています。
必要十分な資金と適切なプロモーション戦略があれば、比較的短い時間で
ブランドを構築することも不可能ではありません。自社の事業の内容・特
性（一般消費者向けなのか、企業向けなのか等）や事業フェーズ（プロダ
クト・サービスを量産する準備が整っているのか、あるいは改善中で量産
するにはまだ早いか等）を考慮して、アライアンスを活用するか、自社で
ブランドを作り上げていくかについては慎重な検討が求められます。

（3）ブランド資源を保護する

　また、ブランドの構築には時間がかかる一方で、一瞬で毀損されてしま

うという脆さもあります。そのため、ブランドを提供する側としては、ブランドの価値の毀損を防止することが非常に重要となります。ブランド資源をパートナーに提供した場合、パートナーが提供されたブランドのもとに質の低いサービスを提供する可能性や、ブランドにただ乗りする可能性があります。これらを阻止するために、ブランド資源を提供する場合、ブランド資源を活用したプロダクトやサービスの品質の保証、商標の利用ルール、マーケティングのルールなどに関して詳細な契約を結ぶ必要がありますし、これらのルールが遵守されているかについての継続的なモニタリングも必要となります。

ポイント

• ブランド資源は販売資源に似た特徴を持つ。新たな地域の市場に進出する場合、現地にてブランドを確立しているパートナーがいれば、そのブランドを活用することも効率的

9

アライアンス戦略策定のポイント③-7
経営資源の特徴：(6)財務資源

財務資源とは何か

　財務資源とは、現預金、有価証券、在庫などの資産を指しますが、本書では、基本的には「キャッシュ」である現預金を念頭に置きます。本書では無形固定資産である特許などは技術資源、有形固定資産である土地、建物、設備などは販売資源や生産資源に含まれるものとして扱います。

財務資源の特徴

　現預金の特徴は、それが何かしらの取引の対価として授受されるか、貸付けを通じて授受されることが前提となっている点にあります。
　ここでの取引とは、プロダクト・サービスの提供などの営業取引と、資本等取引とに分かれます。資本等取引には、例えば、募集株式の発行等による増資、自己株式の取得、剰余金の配当などが含まれます。

財務資源を目的とするアライアンス

（1）資金そのものを提供するパターン
　キャッシュがアライアンスの目的になるケースとしては、主に、自社の資金繰りが厳しくなっている場合が想定されます。ベンチャー企業は基本的に、事業立ち上げ当初は赤字が続くので、キャッシュを獲得するためのアライアンスのニーズが高いといえます。その場合、資本等取引としての

出資を伴う資本提携という形でのアライアンスを組むことがあります。出資の比率によっては、過半数の議決権を与えたことで支配権が移動するケース（M&A）もあります。

　一方で、貸付けをすることで資金を提供する場合もあります。銀行業の免許を持たない事業会社は、貸金業に該当する貸付けをすることはできないので、新株予約権付社債等のスキームを用いることで、パートナー企業に対して資金を提供する場合もあります。また、M&Aを通じて子会社化した会社に対してはグループ会社貸付をすることもあります。

(2) 取引を通じて資金提供するパターン

　加えて、パートナー企業のプロダクトやサービスの一定ボリュームについて、購入または販売代理の約束をするという形もあります。これは、形式的には純粋な営業取引ですが、この取引の支払いサイクル次第では、資金繰りが厳しいパートナーのキャッシュフローを改善する効果もあるため、財務資源の交換のひとつの方法となりえます。

(3) 他の経営資源の交換も兼ねる場合が多い

　もっとも、事業会社間のアライアンスでは資金だけを目的とするケースはむしろ少ないといえます。資金や経営指導だけが目的であれば、事業会社は基本的には銀行借入れやベンチャーキャピタルからの出資を受けることを検討します。事業上必要な他の経営資源もアライアンスの目的になる場合であって、同時に資金提供も受けるときに、財務資源を目的とするアライアンスを組むことが多いといえます。

ポイント
- 財務資源であるキャッシュをアライアンスを通じて確保する場合、営業取引と資本等取引とを活用する

10

アライアンス戦略策定のポイント④
手段としてアライアンスが適切かを検討する

戦略目標を達成するために不足している経営資源が特定できたとして、次のステップは、その経営資源を入手する方法を検討することです。

アライアンス以外の経営資源獲得手段を確認する

本書はアライアンス実務を中心に取り扱うものですが、**経営資源獲得の手段は、アライアンスに限られません。**アライアンス以外では、大別すると以下の3つの経営資源獲得手段があります。

◎アライアンス以外の経営資源獲得手段◎

- 自社で開発・構築する
- 市場取引によって獲得する
- Ｍ＆Ａにより企業の経営権、事業の所有権を獲得する

第1の方法は、必要な経営資源を自社で開発・構築することです。例えば、必要なスキルセットを持った人材を社内で育てること、必要な価値基準やプロセスを獲得した組織を社内に構築すること、必要な技術を自社で研究開発すること、採用により人材を獲得することなどがこれに当てはまります。

第2の方法は、市場取引によって獲得する方法です。市場で提供されているプロダクトやサービスであれば、一顧客としてその提供を受けるのがこの市場取引の方法です。

第3の方法は、M＆Aを通じて、必要とする経営資源を保有する企業の経営権あるいは事業の所有権を取得することです。

◎経営資源の獲得方法◎

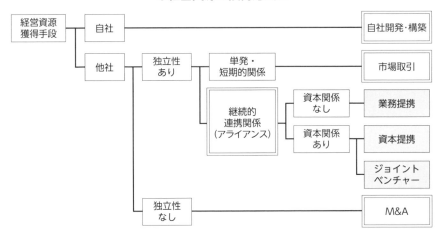

ベストな獲得手段を選択する

　つまり、経営資源の獲得手段としては、自社開発・構築、市場取引、アライアンス、M＆Aの4つがあります（上図参照）。アライアンスはさらに、業務提携、資本提携、ジョイントベンチャーに区別されます。これらのうちいずれが最も適切であるかについて、慎重に検討しなければなりません。M＆Aやアライアンスを検討したが、最終的には自社で開発・構築することが戦略を実現するための一番の近道だと判断されるケースも少なくありません。

　そして、自社開発・構築、市場取引、アライアンス（業務提携、資本提携、ジョイントベンチャー）、M＆Aのいずれを採用するかを考える際のチェックポイントとしては、各手段の特性である、①支配度、②スピード、③推進力、④柔軟性の4つがあり、これらを総合的に考慮する必要があります。以下では、それぞれの意味について確認していきます。

◎**経営資源の獲得手段のチェックポイント**◎

> ・経営資源に対する支配度
> ・経営資源活用開始までのスピード
> ・経営資源活用の推進力
> ・経営資源活用についての柔軟性

(1)「経営資源に対する支配度」とは何か

　支配度とは、その獲得手段を採用する場合、目的とする経営資源のコントロール権をどれだけ自社が保有できるかという観点です。

　事業上の意思決定を迅速に行えるかどうかは、経営資源に対する支配度に左右されます。支配度が高ければ、自由に迅速な意思決定をすることができますが、逆に支配度が低ければ、経営資源を支配している他社の承諾・同意を得ながら事業を進めなければならず、事業展開に時間がかかってしまいます。

　また、全社的に重要な経営資源である場合はもちろんのこと、自社にとって重要性の高い事業に用いられる経営資源の支配度も高くなければなりません。重要性の高い経営資源が、自社以外の企業によってコントロールされている状態は、外部企業に生殺与奪の権利を握られていることと同じだからです。本書では、この状態を、「依存リスクがある状態」と呼びます。

　また、異なる観点として、自社の競合企業が特定の企業が保有する経営資源を獲得してしまうと自社の競争上の地位が悪くなると予想される場面においては、「競合排他」するために、競合企業よりも早くアライアンスを実施し、当該企業が保有する経営資源に対する支配度を上げるという発想もあります。希少な経営資源については、こういった奪い合いが生じることも少なくありません。

(2)「経営資源活用開始までのスピード」とは何か

　スピードとは、その獲得手段を採用する場合、目的とする経営資源を利用できるようになるまでにどの程度の時間がかかるかという観点です。

スピードは、当該経営資源を利用した事業に着手し、プロダクトやサービスを市場に投入するのに要する時間に影響します。特に、インターネット産業・デジタル産業においては、プロダクト・サービスの市場投入のスピードはきわめて重要です。経営資源の獲得に何年もかかっていては、作り上げようとしている事業自体が陳腐化してしまう可能性すらあります。

(3) 「経営資源活用の推進力」とは何か
① 経営資源活用の推進力を構成する要素

推進力とは、当該経営資源を活用する取り組みを、どれだけ前に進めやすいかという観点です。推進力は、経営資源活用にどれだけの取引コストがかかるかという視点と、取り組みの当事者のコミットメント（覚悟）がどの程度かという2つの視点を踏まえて検討します。

② 取引コストとは何か

取引コストとは、情報探索のコスト、交渉・意思決定のコスト、監督・強制のためのコストの3つから構成されます[5]。

情報探索のコストというのは、取引相手自体を見つけることや、その価格や納期等の取引条件を知るための費用のことです。

交渉・意思決定のコストとは、取引相手と交渉し、取引条件を決定するための費用のことです。大きな出費を伴うような取引においては、交渉の期間も長引くため、このコストは非常に大きくなる傾向があります。

監督・強制のためのコストとは、合意した内容が実行されているかを確認し、また確実に履行させるための費用のことです。具体的には、監視を行ったり、履行がなされていない場合には様々な形で警告を発したりするコストが含まれます。商習慣が異なる業界に属する相手などとの取引では、このコストが大きくなる傾向があります。

例えば、非常に希少な経営資源を市場取引で獲得しようとする場合、そもそもその経営資源を提供できる相手を見つけることにひと苦労します。

5　取引コストの考え方についての詳細な解説は、『組織の経済学入門　改訂版』（菊澤研宗著、有斐閣）をご参照ください。

　また、そういった経営資源の取引市場は、需要と供給のバランスが崩れた「売り手市場」となり、経営資源の提供元の交渉力が強くなるので、取引自体の成立に時間と労力がかかり、取引の対価自体も高額になりやすい傾向があります。逆に、目的とする経営資源に対する支配度が高い状況を作り出すことができれば、取引の際に交渉が発生する余地が少なくなるため、取引コストを抑制しやすくなります。

③ コミットメントとは何か

　取り組みの当事者のコミットメントというのは、抽象的な表現になりますが、「必ずこの取り組みを成功させる」という当事者の「覚悟」のことをいいます。プロジェクトに対してどれだけの投資をしたかによりコミットメントは変わってくる傾向にあるので、解消が困難な金銭的投資が伴う資本提携、ジョイントベンチャー、M&Aなどではコミットメントが高くなりやすい傾向にあります。

　なお、支配度が高い場合には推進力も同時に高い傾向があります。しかし、例えばベンチャー企業が出資を受け入れる形で大手企業と資本提携を行う場合、大手企業から提供される経営資源に対する支配度はさほど高まらない一方で[6]、その経営資源活用の推進力を獲得することはできるので、この2つの概念は区別して考えることが必要です。

(4)「経営資源活用についての柔軟性」とは何か

　柔軟性とは、競争環境が変化した場合や、別のより魅力的なパートナーが現れた等の理由により、経営資源の獲得・利用について柔軟に見直しができるかどうかという観点です。

　柔軟性には、取引の条件についての見直しと、取り組み自体を白紙に戻せるかという2つの視点が含まれています。

　インターネット産業・デジタル業界は、競争環境の変化が激しいため、必要となる経営資源も次々と変化するのが特徴です。

6　ただし、投資契約等に資金使途についての制限がない限りにおいて、財務資源に対する支配度は高まるといえます。

競争環境の変化に合わせて機動的に経営資源の調達先・調達方法を変更できるようにして、リスクをコントロールするためにも、この柔軟性は軽視できない要素となります。つまり、別の言葉で言えば、柔軟性が低いことはリスクが高いとも表現できます。

ポイント

• アライアンス以外の経営資源の獲得手段には、「自社での開発・構築」「市場取引による獲得」「Ｍ＆Ａによる企業の経営権、事業の所有権そのものの獲得」の３つがある

アライアンス以外の経営資源の獲得手段①
「自社開発・構築」の特徴

最も代表的な経営資源の獲得方法が、自社での開発・構築です。

具体的には、人材に関しては自社での採用を実施すること、組織に紐づくノウハウや価値基準に関しては、時間をかけて、自社における行動規範を構築していくことが考えられます。技術資源に関しては、自社におけるＲ＆Ｄや開発を通じて獲得することが考えられます。生産資源や販売資源に関しては、自社が投資して獲得することが考えられます。ブランドに関しては、自社が遂行するマーケティング活動等を通じて構築することが考えられます。

① 自社開発・構築した経営資源の「支配度」

経営資源を自社で開発・構築する場合には、目的とする経営資源のオーナーシップを持つため、当然、その支配権を掌握できます。

したがって、目的とする経営資源が自社の事業の中核に位置する場合には、自社開発・構築を積極的に検討するべきです。

② 経営資源を自社開発・構築する「スピード」

　経営資源を自社で開発・構築する場合には、時間がかかるケースが多いといえます。

　例えば、ソフトウェア業界においては、既存事業や既存プロダクトの保守・メンテナンスにも相当な人員を割く必要があります。こういった状況の下で、スピード感をもって新しい技術やプロダクトを獲得するためのR&Dや開発を進めるためには、追加で相当な人的資源を充てる必要があります。大手企業や、もともと保有している経営資源を横展開できる企業を除き、一般的には技術資源の自社開発・構築には相当な時間を要するとみるべきです。

　また、採用に関しても、例えば市場での供給が少ないエンジニアなどについては、採用活動によって必要な人員を確保するまでに相当な時間がかかります。採用活動をしている間に競合他社が先に市場を支配してしまったり、そもそも需要が減退してしまうなど、市場が変化してしまうことも考えられます。

　販売資源やブランドに関しても、ゼロからの構築には時間を要することは前述したとおりです。

③ 自社開発・構築した経営資源活用の「推進力」

　自社開発・構築の場合には、推進力はある程度高くなる傾向にあります。

　自社開発・構築が済めば、そもそも当該経営資源を提供できる「売り手」を見つけるコストは不要で（情報探索のコスト）、その経営資源を利用するための「売り手」との交渉（交渉・意思決定のコスト）も必要とせず、自由に活用することができます。最低限、自社の従業員・組織がきちんと機能していることが求められるにとどまります（監督・強制のためコスト）。一方で、自社で体制を構築して経営資源の獲得に向けて動き出すにはある程度のコミットメントが伴いますが、他社を巻き込んだりしているわけではないため、外的な推進力を期待することはできません。

④ 自社開発・構築した経営資源の「柔軟性」

　自社開発・構築の場合、取引条件の見直しという視点はありません。他方で、経営資源の種類にもよりますが、経営資源獲得の取り組み自体を白紙に戻すハードルは比較的高いものとなります。

　技術資源・販売資源などは自社がオーナーシップを持つことになるため、競争環境の変化等によりに不要になったとしても、簡単には処分できません。

　当該資源が固定資産である場合には、他社に売却するか、売却できない場合でも耐用年数が到来しておらず償却中のときには、その使用を中止した時点で除却処理を行う必要があります。

　人材・組織資源に関しても、一度雇用してしまった従業員に関しては、一定の要件[7]を満たさない限り、原則として解雇（いわゆる「整理解雇」）はできません。

　このように、経営資源を自社開発・構築するという手段は、競争環境の変化に対する柔軟性には乏しいといえます。

◎**自社開発・構築の場合の特徴**◎

	判　　定	備　　考
支配度	◎	目的とする経営資源の所有権があり、支配度は高い
スピード	×	既存の経営資源の応用でない限り、ゼロから獲得するため時間を要する
推進力	○	取引コストは低いが、外部圧力による推進力はない
柔軟性	△	その種類にもよるが、経営資源が不要になった場合には処分手続が必要になる

ポイント

• 経営資源を自社開発・構築する場合、支配度は高くなるが、時間はかかるうえに柔軟性は乏しくなる点に注意

7　①どうしても人員を整理しなければならない経営上の理由があること（人員整理の必要性）、②希望退職者の募集、役員報酬カット、出向、配置転換など、解雇を回避するためにあらゆる努力を尽くしていること（解雇回避努力義務の履行）、③解雇するための人選基準が合理的かつ公平であること（被解雇者選定の合理性）、④解雇の対象者および労働組合または労働者の過半数を代表する者と十分に協議し、整理解雇について納得を得るための努力を尽くしていること（解雇手続の妥当性）の4要件です。

「市場取引」の特徴

市場取引も、「経営資源の獲得手段」として一般的な方法です。

① 市場取引により獲得した経営資源の「支配度」

市場取引の場合、外部企業が取引の目的となる経営資源を支配しており、かつ、基本的には短期的な取引を前提とします。したがって、経営資源に対する支配度は低く、目的とする経営資源が自社の事業の中核に位置する場合、市場取引を選択することには慎重になるべきです。

② 市場取引により経営資源を獲得する「スピード」

市場取引の場合、他社が構築した経営資源を市場で「買ってくる」ため、獲得のためのスピードも短縮できるのが一般的です。

もちろん、カスタマイズやオーダーメイドによる市場取引もありますが、「売り主」は土台となるパッケージを用意しているのが通常なので、自社開発・構築と比較すれば圧倒的に経営資源の調達はスピーディーです。

③ 市場取引による経営資源活用の「推進力」

市場取引を利用した場合の推進力は、当該プロダクト・サービスがコモディティ化したものである場合と、それ以外の場合とで異なります。

・コモディティについての市場取引

コモディティ化したプロダクトやサービスは、市場取引をとおして調達しても取引コストはそれほど高くはないため、推進力も高くなる傾向があります。

なぜなら、コモディティ化したプロダクトやサービスは「売り手」の数が多いため競争が激しく、「買い手市場」になる傾向があるからです。同様に、「買い手」としてその提供態様をチェックすることも難しくありません。また、市場の変化が小さく、「長年継続している取引」の前提条件

が変化しないような場合、取引をめぐる不確実性は低く条件面や価格面での追加での交渉等が発生しにくいため、市場取引での取引コストは比較的小さいといえます[8]。

• 特殊なプロダクト等についての市場取引

　他方で、特定の企業でしか供給できないような、コモディティ化していない特殊なプロダクトやサービスは、市場取引を介すると取引コストが高くなり、推進力が低下するケースもあります。特殊なプロダクトやサービスであるため、「買い手」に知見が乏しく、監督・強制のためのコストがかかるからです[9]。

　この取引コストがあまりにも高い場合、取引コストを節約するために自社開発に踏み切るか、あるいは可能であればM&Aを検討します。

　また、技術的ノウハウ、組織に紐づく価値基準、プロセスのような知識も、一般には暗黙的なものが多く、それを組織をまたいで移転させることは非常に難しく、これらについての取引をめぐっては駆け引きが展開されやすいといえます。したがって、この場合、当該経営資源を自社で保有するほうが効率的です。戦略コンサルティング企業であるマッキンゼーが、デザイン・コンサルティング会社であるLUNARを買収した事例も、デザインに関するコンサルティングノウハウといった経営資源の獲得に取引コストが嵩んだため、その節約をすることが1つの目的であったと推測できます。

　環境の変化が激しく、取引をめぐる前提条件が頻繁に変化するなど、取引の不確実性が非常に高い場合も、市場取引での取引コストが高くなる傾向があります。

8　むしろ、このような場合、相互の甘えにより割高な取引が起こる可能性すらあります。そういった状況を抑制するためにも、複数の企業と並行して取引を進めたほうがより効率的に経営資源を獲得できることでしょう。

9　例えば、日本電産、村田製作所などのエレトロニクス業界の勝ち組が提供するプロダクトは、開発・生産プロセス内に高度なノウハウや経験技術的な要素がかなり残っている特殊なものであり、ニッチな市場セグメントではありつつもそこで支配的なシェアを獲得しています。その結果として「売り手市場」を実現しており、価格交渉力や顧客のスイッチングコストも高い場合が多いといえます。

④ 市場取引により獲得した経営資源の「柔軟性」

　市場取引により経営資源を獲得する場合、競争環境の変化等による利用条件の変更についても比較的容易に対応できます。また仮に、当該経営資源が不要になった場合には、当該取引を中止することで整理できます。

　もちろん、一定の価格ディスカウント（割引）を受けるために長期の契約を締結している場合なども想定されますが、そういった例外的なケースを除けば、市場取引による場合には柔軟性が高いといえます。

◎市場取引により獲得する場合の特徴◎

	判　　定	備　　考
支配度	×	市場取引の場合、目的とする経営資源のコントロール権を外部企業に掌握されており、支配度は低い
スピード	◎	他社がすでに保有する経営資源を利用するため、スピードは速い
推進力	×	コモディティ化していないプロダクトについては、推進力が低い
柔軟性	◎	当該経営資源が不要になれば、取引を終了することで経営資源の整理が可能

ポイント

・経営資源を市場取引により獲得する場合は、スピードと柔軟性に富むが支配度と推進力は低くなることがある点に注意

アライアンスによる経営資源の獲得手段①

「業務提携」の特徴

　業務提携はアライアンスの一種で、パートナー企業との資本関係のないものです。パートナー企業間の関係は基本的には契約のみで規律される一方で、一定期間の協業、そして、経営資源をお互いに交換することを前提としている点で、パートナー企業との深い関係性が期待されます。

　ただし、注意が必要なのが、業務提携を含むアライアンスは、あくまで

も相手の主体性を重視する取り組みであるという点です。M&Aと異なり、経営権の取得まで至らないため、お互いの意思に基づく協力関係を築くことが特徴となります。

① 業務提携により獲得した経営資源の「支配度」

　業務提携も、市場取引の場合と同様に、外部企業であるパートナーが目的とする経営資源を支配しています。また、通常は経営資源の利用についてさまざまな制約条件が課されます。

　一方で、業務提携は市場取引と異なり長期的な取引・連携を前提としており、パートナー間での深い関係性の構築を期待できます。業務提携の契約条件として、相手の解除権を制限することも可能です。そのため、業務提携の目的としていた経営資源がある日突然「引き上げられる」といった事態に陥ることは想定しにくく、依存リスクは一定程度抑制できます。

　しかし、業務提携の契約において有利な条件を勝ち取れない場合もありますし、場合によっては契約を破棄される可能性もゼロではありません[10]。

　したがって、目的とする経営資源が自社の事業の中核に位置する場合にアライアンスを選択するならば、契約の内容やパートナー企業の属性に注意を払いつつ、資本提携やジョイントベンチャーなど、資本関係も構築できるストラクチャーを選択する必要があるといえます。

② 業務提携による経営資源獲得の「スピード」

　業務提携は、経営資源をパートナーに提供してもらうことを前提としているため、一般的には経営資源を素早く獲得できる手段だといえます。もちろん、カスタマイズやオーダーメイドによる市場取引もありますが、土台となるパッケージを活用することでスピーディーな調達が実現できるのは市場取引と同様です。

　もっとも、業務提携それ自体の交渉に時間を要することから、市場取引よりはスピード面で劣る場合が多いといえます。一方で、出資を伴うわけ

---

10 特に海外企業は、契約を破棄して損害賠償金を支払うコストと、契約を破棄しなかった場合の機会損失としてのコストを比較し、経済合理性の高い手段を選択することもあります。

ではないので、資本提携との比較ではデューデリジェンスや交渉の期間も相対的に短くなる傾向があります。

③ 業務提携による経営資源活用の「推進力」

市場取引における取引コストが高くなる経営資源としては、特定の企業でしか供給できないようなコモディティ化していない特殊なプロダクトやサービス、組織に紐づく価値基準、プロセス、明文化されていないノウハウ等があります。

業務提携においては、こういった経営資源を獲得することが目的となるため、パートナー候補企業の選定やデューデリジェンス、契約交渉、体制構築など、業務提携を実施すること自体の取引コストは高くつきますが、いったん業務提携関係に入ることで、情報探索のコスト、交渉・意思決定のコストなどが一定程度は抑制されることが期待できます。

しかし、業務提携はあくまでも契約のみをベースとするアライアンスです。交渉の結果勝ち取れる業務提携契約の内容次第では、目的となる経営資源に対する広範かつ自由な利用権を確保することも不可能ではありませんが、通常は経営資源の利用についてさまざまな条件が課されます。また、業務提携関係にあるとはいえ、パートナー企業は、それぞれ別々に収益を認識する独立した企業同士であり、業務提携が「呉越同舟」となってしまうケースも少なくありません。

そのため、当初の想定の範囲外の態様や範囲での経営資源の利用を求める場合には、資本関係のない対等な関係としてのパートナーに対する交渉・意思決定コストが改めて発生します。

また、継続的な連携に基づく深い関係性を構築できるとはいえ、業務提携はあくまでも契約だけに基づく関係なので、監督・強制のためのコストも発生してしまいます。

以上のとおり、業務提携による取引コストの抑制は限定的なものとなります。

④ 業務提携で獲得した経営資源の「柔軟性」

　業務提携は、資本関係を伴うアライアンスである資本提携・ジョイント
ベンチャーとは異なり、資本的なつながりのない継続的な企業間連携です。

　契約書の条件の見直しや契約関係の解消については、双方が合意すれば、
競争環境の変化等に比較的柔軟に対応することができます。市場や競争環
境の変化に応じて、パートナーとの関係・距離感を調整し、軌道修正しな
がら進めることができるという点が重要な特徴です。

　ただし、契約関係の解消については留意点があります。業務提携は、継
続的な関係を前提とします。当事者は、この関係が一定期間継続すること
を信頼して、少なくない投資を行うことになります。そのため、契約で解
除条項や契約期間が定められていても、長期間にわたって継続することを
予定した契約については、解除や更新の拒絶が制限されることがあります
（詳細は第6章を参照）。

◎業務提携により獲得する場合の特徴◎

	判　　　定	備　　　考
支配度	△	市場取引と異なり、長期的な関係を前提としており、経営資源に対しても一定程度のコントロール力がある
スピード	○	業務提携それ自体の交渉に時間を要するが、パートナーがすでに保有している経営資源を活用するため、比較的スピードは速い
推進力	△	業務提携関係にあるとはいえ、パートナー企業は独立した企業同士であり、取引コストが生じる
柔軟性	○	契約上の関係のみであり、比較的柔軟な見直しが可能

ポイント
・業務提携は、比較的柔軟で緩やかな長期的協力関係を築きやすい

アライアンスによる経営資源の獲得手段②
「資本提携」の特徴

　資本提携は、パートナー企業と資本関係があるが、経営支配権はないアライアンスです。具体的には、パートナーの一方が他方に出資を行い、その半数以下の持分比率を保有するにとどまるアライアンスを指します。財務資源以外の経営資源を目的とした業務提携に加えて、パートナーの一方が他方に投資を行うのが一般的です。

　なお、業務提携であれば、契約解除によって関係は解消されますが、資本提携の場合は、出資した会社の株式の買取りや第三者への処分が必要になり、簡単に関係を解消することはできません。

　したがって、資本提携は業務提携と比べて一段階深い関係性が期待されるアライアンスであり、その実行にあたっては当事者の強いコミットメントが期待されるのが一般的です。

① 資本提携により獲得した経営資源の「支配度」

　出資側に立った場合、資本提携であっても、目的とする経営資源を外部企業に支配されていることは、市場取引や業務提携の場合と同様です。

　しかし、資本提携契約の内容次第では、目的となる経営資源に対する支配権として、契約上の権利を一定程度確保することが可能です。交渉次第ですが、資本提携契約においては一方が他方に投資するという関係があるため、事業や経営資源に関する合意事項も、業務提携契約に比べて投資側に有利な内容が規定されることが多いといえます。投資をする代わりに、経営資源に対する一定の支配権（例えば、独占的利用権）を獲得するというケースもあります。これは出資を受ける側の立場からすると、資本提携を行う際には自社の経営資源に対して一定の独占的権利を与えることになる場合もあるということであり、注意が必要です。

　また、出資比率によっては、株主として、出資先の経営に影響力を行使することが可能となるので、パートナー企業が「裏切り」的な動きに出ることはある程度は抑制できるといえます。

◎代表的な株主権の概要◎

議決権等保有割合	権利概要
100分の1以上 or300個以上	✓株主提案権
100分の1以上	✓総会検査役選任請求権 ✓多重代表訴訟提起権
100分の3以上	✓株主総会招集請求権 ✓役員の解任請求権 ✓業務の執行に関する検査役の選任請求権 ✓役員等の責任軽減への異議申立権 ✓会計帳簿閲覧請求権
10分の1以上	✓一定の募集株式発行等における株主総会決議の要求権 ✓解散請求権
3分の1超	✓株主総会の特別決議（定款の変更、事業の重要な一部の譲渡、募集株式の割当て、解散など）を単独阻止

　以上のように、資本提携を通じて、経営資源に対する支配度を一定程度確保することが可能です。

　なお、出資を受ける側に立った場合、少なくとも出資を受けた資金について一次的な支配権を保有することになりますが、資本提携契約において、資金使途についての制限が加えられる場合もあります。

② 資本提携により経営資源を獲得する「スピード」

　資本提携は経営資源をパートナーに提供してもらうことを前提としており、獲得のためのスピードも短縮できるという点も、業務提携と同様です。

　しかし、資本提携それ自体の交渉には、業務提携と比較しても長い時間を要します。資本提携は、出資を伴うため簡単にパートナーとの関係を解消することはできないため、出資にあたっては出資先企業の企業価値算定や、業務提携で実施するものよりも深いデューデリジェンスが必要となります。また、出資するための資金を別途調達する必要があるケースもあります。

　これは、出資を受ける側からすると、日常の業務に加えて、時間を要するデューデリジェンスや交渉への対応業務がアドオンで発生することを意

味します。日常的に多忙を極めるベンチャー企業等からすると、資本提携の打診・協議は厳選して行うべきです。

　以上のような事情から、スピードという点においては、資本提携は業務提携に劣るものといえます。

③ 資本提携により獲得した経営資源活用の「推進力」

　資本提携を実施すること自体の取引コストはそれなりに高くつきますが、いったん資本提携関係に入ることで情報探索のコスト、交渉・意思決定のコストはなくなります。

　では、当初の想定外の経営資源の利用を求める場合はどうでしょうか。M&Aとは異なり、あくまでも資本提携のパートナーはそれぞれ別々に収益を認識する独立した企業です。しかし、資本関係がある場合、被出資者の利益が出資者の業績あるいは資産に影響します。業績面での「共通の目標」を負うことで利害が一致しやすくなり、交渉・意思決定コストもある程度抑制することができます。さらに、アライアンスとしての一定期間にわたる継続的な連携をベースとした信頼関係に加え、一方が株主であるという関係性もあいまって、監督・強制のためのコストも一定程度抑制されることが期待できます。

　また、資本関係は、容易には解消できないものであり、資本提携を通じて成果を出さなければならないという両者のコミットメントを引き出すことにつながります。

　このように、資本提携を実施した場合、業務提携よりも推進力は高まる傾向が高いといえます。

　特に、大手企業は潤沢な経営資源を保有している反面、その経営資源を動かすのは簡単ではありません。しかし、例えば提携に際して出資も実行したという背景があると、大手企業の内部でも「成果を出さなければならない」という推進力が発生するため、経営資源を動かしやすくなります。ベンチャー企業が大手企業と対等に交渉するのはまだ簡単ではないのが現状ですが、資本関係を活用することで大手企業を動かしやすくなるのも事実です。ベンチャー企業こそ、資本提携を戦略的に活用することが重要です。

④ 資本提携により獲得した経営資源の「柔軟性」

　資本関係がある場合、出資先の株式を当該会社やその経営陣に買い取っ
てもらったり、第三者に売却等する必要があり、資本関係の見直しや解消
を行うことは簡単ではありません。また、前述のとおり、一定の優先的な
契約上の権利を与えることを条件として出資がなされる場合も少なくあり
ません。この場合において、契約条件だけを見直したいと考えたとしても、
資本関係と契約条件をセットで見直さなければならないため、通常は交渉
が難航します。つまり、資本関係を構築した企業間の連携に高い柔軟性は
期待できません。

◎資本提携により獲得する場合の特徴◎

	判　　　定	備　　　考
支配度	△	業務提携契約に比べて出資側に強力な権利が付与されたり、持分比率に応じた経営支配権を獲得できたりするため、支配度は比較的高い
スピード	○	資本提携それ自体の交渉に時間を要するが、パートナーがすでに保有している経営資源を活用するため、比較的スピードは速い
推進力	○	資本提携を実施した場合、取引コストが低下し、資本関係によるコミットメントも引き出されるので、業務提携よりも推進力は高まる
柔軟性	△	出資した会社の株式の買取りや第三者への処分が必要になり、見直しや解消を行うことは簡単ではない

ポイント

- 資本関係を活用することで大手企業を動かしやすくなるので、ベンチャー
企業こそ、資本提携を戦略的に活用することが重要

アライアンスによる経営資源の獲得手段③
「ジョイントベンチャー」の特徴

　ジョイントベンチャー（JV）とは、複数の企業が互いに出資し、新し
い会社（合弁会社）を立ち上げて事業を行うことをいいます。主に、①複

数の企業が出資しあって新たに会社を設立するパターンと、②既存企業の株式の一部を買収し、その企業を既存の株主や経営陣と共同経営するパターンの2つがあります。本書では前者のパターンを前提として説明します。

　JVは、資本の支出や法人の設立を伴うため解消は業務提携や資本提携ほど容易ではなく、ある程度の強制力が働くものとして、M&Aと資本提携の中間に位置するストラクチャーです。

① JVにより獲得した経営資源の「支配度」

　JVにおける経営資源の支配度は、その持分比率やJVの内容について定める合弁契約の内容によります。

　もっとも、JVにおいては、パートナー企業がお互いに経営陣と経営資源を投入し、それに基づき事業運営するのが通常です。一定の経営権があること、また、事業運営に不可欠な経営資源の一部は自社から拠出していることから、経営資源に対する支配度は比較的高いものといえます。

② JVによる経営資源獲得の「スピード」

　JVは経営資源をパートナーに提供してもらうことを前提としており、獲得のためのスピードを短縮できるという点も、業務提携や資本提携と同様です。特に、JVでは販売資源や人材・組織資源など、構築に時間のかかる経営資源を拠出するケースが多いといえます。

　しかし、JVそれ自体の交渉には、業務提携や資本提携と比較しても長い時間を要する場合が多くなります。JVは、合弁会社の設立や新しい経営体制の構築など、ゼロから会社を立ち上げるという側面があるため、単に一方が他方に出資を行う資本提携よりも手続に時間がかかることが少なくありません（営業のための許認可に時間を要する場合もあります）。また、出資をするための資金を別途調達する必要が生じるケースもあります。

　このような事情から、スピードという点では、JVは資本提携よりも若干劣ります。

③ JVにより獲得した経営資源活用の「推進力」

　これも、合弁契約の内容やガバナンスのあり方に影響されますが、一般論としては以下のように考えていいでしょう。

　まず、JVの立ち上げを通じて、パートナー企業間の強い結合が生まれるため、情報探索コストを抑制することができますし、資本関係も生まれるためコミットメントも高まります。

　また、合弁会社を設立すると、パートナー企業は出資者としてその持分比率に応じた配当やキャピタルゲインなどを得ることができます。これは、パートナー間における共通の利益であるため、利害が一致しやすくなり、交渉・意思決定コストもある程度は抑制することができます。

　一方で、パートナーはそれぞれ、合弁会社と物品売買、ライセンス、業務委託などの取引を実施することを通じて取引利益をも得ることができます。そして取引利益については、パートナー企業間で利害が相反するケースがあります。なぜなら、パートナー企業が合弁会社との取引で利益を増やせば、その分だけ合弁会社の利益が減るためです。こういった利益相反の調整も必要となるため、交渉・意思決定のコストが完全に払拭されるわけではありません。

　さらに、親会社であるパートナー企業にとっての利益が優先されるよう、合弁会社に対する監督もしっかりと行われる必要があるので、監督・強制のためのコストが完全に払拭されるわけではありません。もちろん、監督が強すぎると、合弁会社の事業推進力が損なわれてしまうので、自主性と統制のバランスをとるのが、合弁会社のガバナンス設計の基本方針となります。

④ JVにより獲得した経営資源の「柔軟性」

　JVの解消については、他方が合弁会社株式を譲り受ける必要があったり、合弁会社の解散・清算をする必要があったりします。パートナー企業が合弁会社の解散・清算に納得せず、これに協力しない場合は、訴訟または仲裁を経る必要も生じます。

　このような事態を回避するために、例えば、合弁契約において、デッド

ロックや合弁相手の重大な違約等の一定の事由を原因として、持分買取請求権（プット・オプション）や持分購入権（コール・オプション）が発生するよう定めておくことが定石となっています。しかし、これらの権利を合弁契約に定めておいたとしても、その実行の前提としてはパートナー間での交渉・調整が発生するため、やはりJVは簡単には解消できるものではありません。

なお、デッドロックとは、合弁会社の意思決定に関して、パートナーとの間で意見の対立があり、パートナー間の合意形成または合弁会社の機関決定ができない状態をいいます。持分比率が対等で、株主総会の普通決議事項が一方により否決されてしまう場合や、合弁会社の取締役の人数が同数の場合で、取締役会決議事項が一方の陣営により否決されてしまう場合などが想定されます。

◎JVにより獲得する場合の特徴◎

	判　　定	備　　考
支配度	○	合弁会社の一定の経営権を把握できることから、経営資源に対する支配度は比較的高い
スピード	△	法人の設立や新しい経営体制の構築など、ゼロから会社を立ち上げるという側面があるため、手続に時間を要する
推進力	○	一定の取引コストは残るものの、資本関係が発生するためパートナーのコミットメントも高く、推進力は比較的高い
柔軟性	×	JVを解消するには、他方が株式を譲り受ける必要や、合弁会社の解散・清算をする必要があり柔軟性は低い

ポイント

- JVにおいては、パートナーのコミットメントは高く、推進力は高いが、スピードが業務提携に劣るし、関係解消も難しい傾向がある

「M&A」の特徴

　M&Aとは、買収企業側が資金を用意して、株式買収、事業譲渡、吸収合併、新株引受、株式交換等を通じて、相手企業の株を取得したり、ビジネスに対価を設定して買い取ったりするなどして、その支配権を取得するものです。以下では、株式買取や吸収合併など、対象企業を包括的に買収するM&Aを想定して解説します。

　資本提携においては、アライアンスパートナーは独立した企業ですが、対象企業を包括的に買収するM&Aの場合には、経営支配権が移転するため対象企業の独立性は失われます。

① M&Aにより獲得した経営資源の「支配度」

　M&Aを行えば、経営資源を保有する対象企業に対する支配権を獲得することができます[11]。

　例えば、株主として、出資先の役員の人事権を行使することが可能となるので、パートナー企業が「裏切り」的な動きに出ることは基本的には抑制できます。したがって、M&Aを通じて、依存リスクは基本的には解消することが可能です。

② M&Aにより経営資源を獲得する「スピード」

　M&Aは、経営権を取得することによって対象企業が保有している経営資源を獲得する取引であり、当該経営資源の獲得のためのスピードを短縮できます。

　しかし、M&Aそれ自体の交渉には、アライアンスと比較してさらに長い時間がかかるのが一般的です。M&Aは株式の取得を伴うため簡単に関係を解消することができないことに加えて、対象企業の簿外債務なども含

11　どのような支配権を獲得できるかは、正確には、M&Aのストラクチャーによって異なります。本章では株式買取や吸収合併など、対象企業を包括的に買収するM&Aを想定していますが、例えば事業譲渡を受けた場合には、当該事業を構成する資産に対する支配権を獲得することになります。

めてその権利義務を包括的に承継することになるので、資本提携と比較してより慎重なデューデリジェンスが必要だからです。

③ M＆Aにより獲得した経営資源活用の「推進力」

　M＆Aプロセス自体の取引コストはそれなりに高くつきますが、M＆Aの実行により、目的となる経営資源を保有する企業を支配できるため、情報探索のコスト、当該経営資源を利用するための交渉・意思決定のコストもなくなり、監督・強制のためのコストも抑制できます。このように、M＆Aを実行した場合、取引コストは基本的には解消されます。

　また、M＆Aは経営権自体の移転を伴うものであり、対象企業の権利義務を包括的に承継するものです。高いリスクを伴うものであるからこそ、これを実行する場合には当事者としても高いコミットメントを求められます。

　したがって、M＆Aを実施した場合の推進力は、資本提携よりも高いケースが多いといえます。

④ M＆Aにより獲得した経営資源の「柔軟性」

　一方で、M＆Aは一度実行すると、対象企業の事業または経営資源の支配権を獲得するので、取引の条件の見直しというのは基本的には想定されません。

　また、M＆Aにより会社を吸収合併した場合などは、当該経営資源の処分には自社開発・構築と同様のプロセスが必要になりますし、経営権を取得した会社が子会社として独立している場合にも、当該経営資源を処分するには、当該子会社株式の買い手を見つけて売却等する必要があります。したがって、M＆Aを実行すると、競争環境の変化等により特定の経営資源が不要になったとしても、簡単に処分することはできません。

　このように、M＆Aは、アライアンスと比較して強力な事業推進が可能となる一方で、前提としていた競争環境が急変した場合には対処に窮することが想定されるなど、柔軟性に欠けます。「様子見」をするために柔軟性をとるか、リスクを冒してでも推進力をとるかはトレードオフの関係にあり、競争環境に照らしてどちらを重視するかが、アライアンスとM＆Aのいずれを選択するかを判断する際のポイントの1つとなります。

◎M&Aにより獲得する場合の特徴◎

	判 定	備 考
支配度	◎	M&Aを行えば、経営資源は自由に使用することができるようになる
スピード	△	資本提携と比較してより慎重なデューデリジェンスが必要となるため、スピードは相対的に遅くなる
推進力	◎	取引コストも解消され、経営権の移動も伴うためコミットメントも高く、推進力は高い
柔軟性	×	経営資源の種類にもよるが、不要になった場合には処分手続が必要になる

ポイント

- M&Aは、アライアンスと比較して強力な事業推進が可能となる一方で、柔軟性に欠ける点に注意が必要

まとめ

　手段ごとの特性をまとめると、下表のとおりとなります。繰り返しになりますが、経営資源の獲得手段を選択する場合には、アライアンス以外の自社開発・構築、市場取引、M&Aといった方法も含めて比較検討する必要があり、その際には以下の観点を総合的に考慮する必要があります。これらの要素のすべてが満たされるケースはきわめて例外的なので、競争環境、自社の経営戦略、必要としている経営資源の特性に合わせて、いずれの要素を特に重視するかという点についての決断が求められます。

◎経営資源の獲得手段の比較◎

		自社開発・構築	市場取引	アライアンス			M&A
				業務提携	資本提携	JV	
手段の特性	支配度	◎	×	△	△	○	◎
	スピード	×	◎	○	○	△	△
	推進力	○	×	△	○	○	◎
	柔軟性	△	◎	○	△	×	×

11

アライアンス戦略策定のポイント⑤

アライアンス実行可能性を検討する

　ここまでの検討の結果、採用したい経営資源の獲得手段が導き出された とします。次のステップとしては、当該手段がそもそも実行可能なものな のかどうかを検討する必要があります。具体的には、経営資源を活用する 能力の有無、制約条件の有無、パートナー候補企業の意向を考慮します。 ここでは、アライアンスとそれ以外の経営資源獲得手段を比較検討する場 面も多いことに鑑み、アライアンス以外の手段の実行可能性の検討につい ても整理します。

経営資源を活用する能力があるか

　経営資源を活用する能力（以下「活用能力」といいます）とは、その経 営資源の獲得手段を採用する場合、目的とする経営資源を生み出し、育て、 維持する能力のことです。

　例えば、目的とする経営資源に対する支配度が高い場合、当該経営資源 を自ら維持・発展させる必要があり、自社に活用能力が求められることに なります。

(1) 自社開発・構築の場合

　経営資源を自社開発・構築する場合では、自社で経営資源の開発を行う 以上、言うまでもありませんが自社に活用能力が求められます。

(2) 市場取引の場合

　市場取引は、経営資源を市場で「買ってくる」以上、自社でその経営資

源を獲得する能力はもちろん、それを維持したり、育てたりする能力も不要となります。なぜなら、その経営資源を維持して育てるのは「売り主」の仕事だからです。

（3）業務提携の場合

　業務提携は経営資源をパートナーに提供してもらうことを前提としており、しかも、パートナー企業との関係、当該経営資源の利用については契約のみによって定められるので、経営資源に対する支配度は非常に低いものです。そのため、自社でその経営資源を獲得する能力はもちろん、それを維持したり、育てたりする能力も原則として不要となります。

　ただし、（業務提携に限りませんが）経営資源の「受け取り方」によっては、自社に一定の能力が必要となるケースもあります。例えば、技術資源を、ソフトウェア同士のAPI接続を通じて受け取る場合には、受け取る側の技術開発能力も求められます。従業員の出向を通じて人的・組織資源を受け取る場合にも、アライアンスパートナーの業務のプロセス[12]と、自社のそれとの連携が必要になることも想定されるので、その際にはプロセス同士を融合させる連携能力が求められます。

（4）資本提携の場合

　資本提携も、業務提携と同様に経営資源をパートナーに提供してもらうことを前提としており、しかも、パートナー企業との関係、当該経営資源の利用については契約のみによって定められるので、経営資源に対する支配度は相対的に高くはありません。

　そのため、業務提携の場合と同様に、自社でその経営資源を獲得する能力はもちろん、それを維持したり、育てたりする能力も原則として不要となります。

---

12 プロセスとは、組織の価値基準（明文化されていない暗黙の行動原理・行動原則）が具体化された一連の業務上のアクションを指します。詳細は43ページをご参照ください。

(5) JVの場合

　持分比率や合弁契約、経営陣の構成にもよりますが、JVはパートナーと設立した合弁会社を共同で経営する取り組みです。この経営権に基づき合弁会社の経営資源をコントロールしなければならないため、当該経営資源の維持・育成をする能力が一定程度求められます。

(6) M&Aの場合

　M&Aは、自社に不足している経営資源を、それをすでに保有している企業から獲得するものです。そのため、自社単独でその経営資源をゼロから獲得する能力は不要です。

　もっとも、M&Aは会社の支配権・経営権を獲得する行為です。獲得した経営権に基づき経営資源をコントロールしなければならないため、当該経営資源の維持・育成をする能力が求められます[13]。

経営資源獲得手段について制約条件はないか

　経営資源の活用能力が自社にあったとしても、自社が負っているさまざまな制約条件により、そもそも構想しているアライアンスを実行することができない・認められない・望ましくない場合があります。具体的には、①他社との関係における制約、②社内都合による制約、③その他の法律上の制約を検討します。

① 他社との関係における制約

　まずは、すでに締結している他の企業とのアライアンス契約において、これから実施しようとしているアライアンスが認められていないような場

---

13 例えば、『インテル 世界で最も重要な会社の産業史』（マイケル・マローン著、土方奈美訳、文藝春秋）によれば、1970年代後半から80年代初頭にかけて、多くのチップメーカーが大手エレクトロニクス企業やハイテク企業とは縁もゆかりもないような製造業に買収されましたが、こうした買収のほとんどが最終的に失敗に終わりました。その理由としては、新たにオーナーとなった企業がチップ産業特有の成長パターンや文化をまったく理解しておらず、経営能力がなかったことが大きいとされています。M&Aを実施する場合には、買収対象企業を経営する能力が必要なのです。

合もあります。例えば、アライアンスの相手が競業禁止義務としてブラックリスト形式で指定されている場合もあれば、特定の経営資源の利用について提供が禁止されている場合もあります。後者については、禁止されている「提供」の態様が不明確な場合もあるので、注意が必要です。例えば、ソフトウェアをパートナーに利用させたいとき、ソフトウェア自体を複製して提供するパターン、SaaS[14]として提供するパターン、ホワイトレーベルライセンス（ソフトウェアOEM）として提供するパターンなど、さまざまな「提供」の形があります。このうちいずれが禁止されているのかがあいまいな場合には、しっかり確認しないと後日、紛争化してしまうケースもあります。

　また、契約上の義務を負っていなくとも、大口取引先の競合とアライアンスを組んだ場合、当該大口取引先との将来的なアライアンスの可能性が失われるだけでなく、足元の契約も解消されるおそれがないか確認が必要です。ベンチャー企業にとって、大口の取引先との契約解消は企業の存続に関わる場合もあります。

　自社として中長期的に、どういった企業と取引していく必要があるかという見通しを立てて、その選択肢が狭まると予想される場合には、アライアンスを中止するか、あるいは資本提携を業務提携に変更するなどの対策を検討しましょう。重要な取引先（あるいは、その候補）から見放されないようにすることが重要です。

② 社内都合による制約

• 財務的な制約

　財務的な制約条件がないかを確認する必要があります。アライアンスを実施するにあたっての投資限度額はいくらか、アライアンスを継続するにあたって売上、粗利、営業利益などの目標、黒字化までの期間、投資回収期間、撤退基準などを確認する必要があります。投資限度額とは、当該手

---

14 Software as a Serviceの略称。具体的には、クラウドで提供されるソフトウェアのことで、ベンダー側でソフトウェアを稼働させ、クライアントはネットワーク経由でソフトウェアの機能を利用することができます。

段を採用するために必要な投資資金や支払対価として許容できる合計金額です。

　例えば、資本提携の場合、出資者としては、出資対価が必要となります。その対価としては、現金あるいは株式交換に用いるための株式などが想定されます。JVの場合も、合弁会社を設立する資本金の拠出が必要であることはもちろん、場合によってはグループ会社間貸付として、運転資金を提供する必要があります。M&Aにおいて株式取得を実施する場合にも、買収の対価、具体的には買収資金か株式交換の対価となる株式が必要となります。M&Aの取引金額の規模感は千差万別ですが、キャッシュが足りない場合には銀行借入れや株式交換も考えられるので、手元にキャッシュがないからといって直ちにM&Aを採用できなくなるわけではありません。しかし、増資や借入れにも限度があるので、買収資金が足りない場合には、採用するストラクチャーを資本提携に切り替える等の判断も必要になります。

　出資を受け入れるベンチャー企業においては、資本政策上、資本提携等に際してどれだけの出資を受け入れることが可能なのかを検討しなければなりません。

● 経営資源上の制約
　また、キャッシュを除く経営資源上の制約がないかも確認します。アライアンスはパートナー企業間での経営資源の「交換」です。経営資源を一方的に獲得するのではなく、相互に拠出することが前提です。そのため、自社が経営資源を拠出することで、自社の他の事業や、自社が他に実施しているアライアンスに影響が及ぶことがあります。

　市場に投入できるプロダクトが完成して間もない段階（アーリーステージ）以前のベンチャー企業は、まずはプロダクト・マーケット・フィットや自社のビジネスモデルを確立することに注力する必要があるので、特に注意が必要です。アライアンスを推進するために経営幹部やエンジニアの工数が取られ、自社のプロダクトやビジネスモデルを確立するタイミングが遅れてしまうようでは本末転倒です。

さらに、「人気」のある経営資源を保有しているベンチャー企業の場合、複数の企業から、その経営資源を目的としたアライアンスを打診されることがあります。しかし、同時に利用することが困難な人材・組織資源、販売資源、生産資源などを目的としたアライアンスを同時に複数実施することは非常に難しいといえます。また、技術資源には「同時に利用することが可能」という特徴がありますが、コンサルテーションも同時に提供しなければならないような場合には、やはり同時並行で複数のアライアンスを推進することは困難です。このような場合に欲張って複数のアライアンスに関与してしまうと、いずれも中途半端になって成果が期待できませんし、自社が保有する経営資源の開発や維持がおろそかになってしまうこともあります。

・アライアンスを担当する人的リソースの制約
　アライアンスを実行するための、社内の人的なリソースの有無についても確認しなければなりません。アライアンスは社外の経営資源を調達することで企業の成長やイノベーションを後押ししてくれるものですが、プロジェクトに投入できる人的なリソースが逼迫している場合には、プロジェクトの実施期間や推進スピードを調整する必要があるからです。

　このように、アライアンスは、自社の他の事業や、さらには同時に進行している他のアライアンスにも影響を及ぼすので、しっかりとした「選択と集中」が求められます。

・その他の社内的な制約
　その他、社内の既存事業とのカニバリゼーションが生じないかという点も確認しなければなりません。もちろん、自社として、事業の新陳代謝を図るためにあえて事業間のカニバリゼーションを推奨している場合には問題ありませんが、そうでない場合には（もちろん案件によっては説得することも可能ですが）社内の意思決定プロセスを進めることができない可能性が高いといえます。

　加えて、社内のレギュレーションとして、技術資源など、秘匿性の高い経営資源については他社への提供が禁止されている場合もあります。また、ブランド資源は醸成するのに時間がかかる一方で、毀損するのは一瞬です。ブランド資源についても取扱いの厳格なルール・使用制限があることが少なくありません。

③ その他の法律上の制約条件

　会社法、金融商品取引法、業法、独占禁止法などの法律上の制約条件についての確認は必要です。例えば、販売資源を獲得してマーケットシェアを確保することを目的とするアライアンスの場合には、独禁法に抵触しないかという点を確認しなければなりません。

　また、昨今では「データは石油」といわれるように、データの経済的価値が高まっています。とりわけ、インターネット産業・デジタル産業の企業は、データを有効活用することに腐心しています。一方で、パーソナルデータの取扱いに関しては国内でも、グローバルでもその規制が厳しくなりつつあります。パーソナルデータを経営資源として提供する場合には、ユーザーからの許諾が適正に取れているか、データ利用に対するユーザーの理解が十分かを確認しなければなりません。

パートナーの意向を確認する

　アライアンスは、独立した企業同士の合意に基づくものであり、これを実施・推進するにはパートナーの合意を得る必要があります。

　企業にはそれぞれ、前述したような社内の制約条件があり、その制約条件がアライアンスのストラクチャーに影響を及ぼします。アライアンスの検討を開始した早い段階で、パートナーの社内の制約条件について認識のすり合わせをしておくことが重要です。

　以上のとおり、手段の特性を考慮し、最も適切と考えられる手段の候補を検討しつつ、経営資源調達の手段を採用することがそもそも可能なのか

どうかを検討するために、活用能力の有無、社内の制約条件、パートナー候補企業の意向を考慮します。

　もちろん、候補となるストラクチャーは1つとは限りません。パートナー候補企業との交渉を通じて、相手の制約条件や意向が明らかになり、最終的にストラクチャーが決定されることもあります。そのため、交渉を実施する前の段階では、採用の可能性のあるストラクチャーを広くリストアップしておくことがポイントとなります。

◎経営資源調達手段を決めるための考慮要素◎

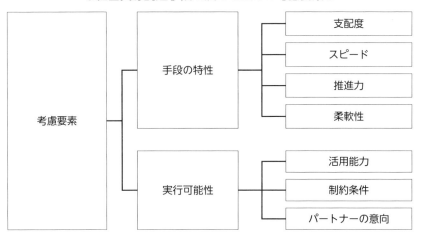

ポイント

• 自社の能力や諸々の制約を多角的に考慮したうえで、経営資源調達の手段を選択する必要がある

第 **3** 章

アライアンスパートナーの選定

パートナー候補を探す方法

　アライアンスパートナーの見つけ方としては、仲介者に紹介してもらうパターンと、自社で探索するパターンの２つがあります。なお、アライアンスパートナーを探索することを、一般的に「ソーシング」と呼びます。

パートナーの見つけ方　その1
仲介者による紹介

　コンサルティング会社や投資銀行、証券会社、メガバンクなどの金融機関やM＆A仲介会社でも一部、M＆A候補企業の紹介とともに、アライアンスパートナー候補の紹介も行っています。税理士や公認会計士、弁護士が、その顧客企業を紹介してくれる場合もあります。

　また、事業会社やベンチャーキャピタルなどが、投資先のベンチャー企業を紹介してくれる場合もあります。ベンチャー企業は、自社に投資しているベンチャーキャピタルを通じて、パートナー候補企業と接触することができるわけです。最近ではアクセラレーション・プログラムを通じた大手企業とベンチャー企業のマッチングも活発です。

　日頃からこういった社外の関係者とのコミュニケーションを密にしておくことで、継続的にアライアンスパートナー候補の紹介を受けることが可能になります。

　アライアンスのパートナー候補との接点が何もない状態でコンタクトをとって交渉するよりも、信頼や信用がある仲介者を通してコミュニケーションを開始するほうがスムーズな場合が多く、仲介者による紹介は非常に重要なソーシング方法といえます。

　しかし、仲介者による持ち込み案件の場合、アライアンスありきで検討

を開始してしまい、どうしてもアライアンスそれ自体が「目的」となってしまうケースが生じがちなので注意が必要です。

パートナーの見つけ方　その2
自社でのソーシング

　アライアンスは戦略を推進するための経営資源調達の一手段にすぎません。そして、自社の戦略や不足している経営資源を最も理解しているのは自社の社員ですので、自分たちで必要な企業を探して発掘する努力と、その能力の確立が必要です。

　実際、市場を通じて経営資源を提供してくれていた相手が、アライアンスパートナー候補となるケースも少なくありません。それなりの規模の企業であれば、通常は取引関係やその前提となる情報交換のための接点など、他社とのさまざまなコネクションがあります。戦略を推進するために不足する経営資源を特定したうえで、まずは自社のコネクションにパートナー候補がいないか、情報収集してみる必要がありますし、自社のメンバーにその意識づけをすることが欠かせません。

　また、アライアンスの推進にはパートナー間の信頼関係が非常に重要になりますが、初めてコンタクトをとった相手とゼロから信頼関係を構築することは簡単ではありません。理想的なパートナーは、以前から取引関係等にあった、すでに信頼関係がある相手です。加えて、大手企業の立場では、自社でアクセラレーション・プログラムを開催し、アライアンスの候補となるベンチャー企業を募集することも増えてきました。

　したがって、獲得したい経営資源を具体的に特定し、極力自社によるソーシングを試みつつ、自社のコネクションにはパートナー候補がいないことが確認された場合には、仲介者に候補企業の紹介を依頼することも有意義です。

ポイント
- パートナーの探し方には、「仲介者に紹介してもらう方法」と「自社で探す方法」がある

2 パートナーを選定する観点

　自社が必要とする経営資源を保有するいくつかのアライアンスパートナー候補が見つかった場合、どういった観点でパートナーを絞り込むのが良いのでしょうか。

　本書では、①ミッションの適合性、②経営資源の相互補完性、③プロジェクトメンバー同士の相性に着目することを推奨します。

パートナー選定のポイント　その1
ミッションの適合性に着目する

（1）なぜミッション適合性が重要なのか

　自社が必要とする経営資源を保有していることはパートナー企業となるための最低限の条件ですが、それに加えてパートナー選定で重要と考えられるのが、ミッションの適合性です。企業文化の適合性と呼ばれる場合もあります。

　アライアンスは、経営資源をお互いに交換する長期的な事業連携です。当然ながら、企業はそれぞれの経営戦略・事業戦略を達成するためにアライアンスを実施するので、パートナー企業間において利害が相反する場面も少なくありませんが、その調整をせずしてアライアンスの成果を享受することはできません。そして、利益相反を調整するためには、それぞれの立場を超えた共通のゴール・価値観が必要となります。ミッションが適合していれば、ゴール・価値観にも共通性が生まれ、これらをブレイクダウンする形で利害が相反する個々の論点を調整することも可能になります。

（2）大手企業とベンチャー企業との組み合わせは慎重に

　特に、大手企業とベンチャー企業とがアライアンスを行う際には、ミッションの適合性については慎重に検討する必要があります。ベンチャー企業がリスクを負ったうえでハードワークをこなすことができるのは、ミッションが明確で、実現したい世界観がはっきりしているからです。その方向性と足並みがそろわない場合、アライアンスの推進に支障が生じる可能性が高くなります。

　また、ミッションをベースとして、企業には共通した価値基準やプロセスが育まれます[1]。アライアンスパートナー企業の間で、ミッションが異なり、それゆえ、それぞれの所属メンバーの価値基準やプロセスが異なる場合、それぞれの業務上の「当たり前」に齟齬が生じてしまいます[2]。

（3）ミッション適合性をどのように確認するか

　もちろん、事前にその企業の持つ価値基準やプロセスを正確に把握することは簡単ではありません。その企業のアライアンス実績や、取引先からの評判など、外部の情報に基づいて確認することも不可能ではありませんが、現実には、アライアンスを開始して実際に共同でプロジェクトを進めるなかで、その相違を認識することが多いといえます。

　それでも、アライアンスを実施する企業としてはこのような相違を克服する努力が求められ、少なくとも企業としてのミッションのレベルで大きな齟齬がないかを事前に確認しておくことは有益です。例えば、パートナー候補と先んじて取引をすること（106ページ参照）も、ミッション適合性を確認するうえで有用です。

1　価値基準とは、組織のなかにある明文化されていない暗黙の行動原理・行動原則のことであり、プロセスとは、価値基準が具体化された一連の業務上のアクションのことです。
2　例えば、品質とスピードのトレードオフが生じる場面で、一方の企業が品質を重視する一方で、他方の企業がスピードを重視する場合、具体的な業務上のコミュニケーションに齟齬が発生しえます。また、徹底したクライアントファーストを信条とする企業と、従業員のワークライフバランスを重視する企業との間でも、同様の齟齬が発生しえます。

経営資源の相互補完性に着目する

（1）お互いの強みと弱みのマッチが重要

　自社とパートナー企業の強みと弱みがうまくマッチし、相互に補完できるwin-winの関係があるからこそ、アライアンスとして長期的なリレーションを構築することができます。つまり、いくらパートナー企業が自社に不足している経営資源を保有していても、相手が自社からは何も得られないという不公平な関係は長続きしません。

　例えば、自社は法人向けソフトウェアの開発に強みを持っているものの、十分な販売力がない場合に求められるパートナー企業像は、法人アカウントを大量に確保しているなど強い販売力を有しているものの、ソフトウェア自体の開発の経験に乏しい企業ということになります。

（2）能力の相違が大きすぎる場合

　このように、経営資源の相互補完性を実現するためには、経営資源・能力に相違があるパートナーを選定することが好ましいでしょう。しかし、一方で、あまりにもこの相違が大きいと、すり合わせに要する工数が大きくなり、パートナーとの連携を効率的に行うことが困難になります。

　例えば、先ほどの事例でいえば、パートナー企業像としては、「ソフトウェアプロダクトの販売について」法人アカウントを大量に確保していれば問題ありませんが、「ハードウェアプロダクトしか取り扱ったことがない」あるいは「ソフトウェアプロダクトの販売について実績が乏しい」といった場合には、連携が非効率となります。

　したがって、抽象的な表現となってしまいますが、効果的なアライアンスを実現するには、経営資源や能力がかけ離れていないが、不足する経営資源を相互に補完できるパートナーと組むことがポイントとなります。

パートナー選定のポイント　その3
メンバー同士の相性に着目する

　抽象的かつ主観的な要素であるため、無視あるいは見落とされがちですが、プロジェクトメンバー同士の相性も重要です。実際のアライアンスのプロジェクトを推進するのは双方の企業のプロジェクトメンバーです。メンバーのなかにはマネジメント層の人もいれば、技術、営業、戦略等のそれぞれの部署の担当者もいますが、いずれにしても、アライアンスに関わるのは生身の人間です。

　したがって、交渉の進め方の第4章でも説明しますが、アライアンス成立までの交渉においても、成立後のプロジェクト推進においても、プロジェクトメンバー間の信頼関係に基づく情報開示・情報交換が成功を左右します。

　そういった信頼関係を構築できるように、ソフト面での個人的な交流の場を設ける必要がありますが、プロジェクトメンバー同士の相性がそもそも悪ければ、そういう場があっても溝が深まるばかりです。

　企業特有の価値基準やプロセスの違いに基づくすれ違いは、お互いのコミュニケーションによって克服しなければなりません。双方が紳士的な態度で接することで日常的な不和は解消されますし、表面的な衝突なども回避できます。しかし、例えば人材採用の場面では「この人と一緒に働きたいと思えるかどうか」を面接で確認することも少なくありません。同様に、アライアンスのプロジェクトメンバー同士が、「この人と一緒に働きたい」と思えることは想像以上に重要であり、資本提携等を実施する際のデューデリジェンスとして、メンバーとの面談を実施するケースもあります。

　上記のプロセスを経てパートナー企業候補が見つかった場合、次のステップとして、そのデューデリジェンスを実施することとなります。

ポイント

- 効果的なアライアンスを実現するには、経営資源や能力がかけ離れていないが、不足する経営資源を相互に補完でき、かつ、ミッション適合性の高いパートナーと組むことが求められる

パートナーを選定する プロセス

デューデリジェンスの実施

(1) アライアンスにおけるデューデリジェンス

　デューデリジェンスと聞くと、一般的にはM&Aを行うにあたって、投資対象となる企業や投資先の価値やリスクなどを調査することを想像するかもしれません。しかし、アライアンスにおいても、M&Aと同じレベルのものではないとしても、これから長期的な関係のもとで経営資源を交換して協働して事業を行うパートナー候補企業の実態を調査することは不可欠です。

　アライアンスにおけるデューデリジェンスは、獲得したい経営資源や、採用するストラクチャーに応じてポイントを絞って行われるのが通常です。基本的には、ドキュメントを通じた調査、従業員の面談・ヒアリングを通じた調査、プロダクトがある場合にはその実物の調査となります。例えば、販売資源を対象とする場合には、アカウントリスト・営業フロー・営業進捗管理表・営業体制等に関するドキュメントの調査、営業ノウハウについての従業員面談などを実施することが考えられます。

　なお、アライアンスは、M&Aと異なり相手企業そのものを買うわけではありません。もちろん、対象企業の人材・組織資源を獲得したい場合には、組織・労務面が健全であるかはとても重要であるため、その確認は必要となりますが、一般的には、対象会社の組織、財務、労務に関する問題などは、アライアンスには直接的には関係しません。しかし、一方で、資本関係を伴う資本提携やJVの場合においては、経営資源それ自体のデュ

ーデリジェンスとは別に、パートナー候補の組織、財務、労務に関するデューデリジェンスも求められます。また、パートナー候補がコンプライアンス上の問題を抱えていないかについては、慎重に調査することが望まれます。アライアンスのパートナーに生じた問題は、特に資本関係を伴う場合においては、自社のレピュテーションに影響する可能性があるためです。

(2) デューデリジェンスにおける確認事項

　デューデリジェンスの実施においては、アライアンスにおいて獲得したいパートナー候補の経営資源がどのようなものであり、アライアンスプロジェクトの推進の支障となる問題がないかを確認します。

　経営資源によっては、パートナー候補が主戦場としていた領域や地域では十分機能しているが、事業領域や地域が変わると期待した価値や効果を発揮できないということも十分にありえます。

　そのため、獲得したい経営資源が、どういう前提条件のもとにその効果が発揮されているのかをデューデリジェンスを通じて、確認する必要があります。例えば、日本で高いパフォーマンスを発揮しているソフトウェアであっても、それが、日本における補完サービスを前提にしているなど、日本のエコシステムに最適化されている場合、異なるエコシステムが構築されている海外市場で同じパフォーマンスを発揮できる保証はありません。

　このように、デューデリジェンスの実施においては対象となる経営資源に関する専門知識に詳しい社員の協力や外部専門家の起用が求められます。技術領域についてのデューデリジェンスが必要な場合は、大学の研究室に協力を仰ぐ場合もあります。

(3) 重大な問題が発見された場合の対処

　アライアンスの目的を損なうような重大な問題が見つかった場合は、アライアンスを中止することもありえます。

　アライアンスは、成立後の事業推進にも多大なコストを投入するプロジェクトです。デューデリジェンスを実施するまでにも相当なコストを投入していることも想定されますが、その後の投入コストのほうが圧倒的に大

きいので、サンクコストにとらわれることなく、「勇気ある撤退」をしなければならない場面もあります。

(4) ベンチャー企業としてのデューデリジェンス

　ベンチャー企業の立場からすると、特にアライアンスの相手が大手企業である場合には上記のような観点からデューデリジェンスを行うことは現実的ではないかもしれません。

　しかし、少なくとも、当該大手企業と協業したことのある他のベンチャー企業からヒアリングを行うなどして、自社として望む経営資源を本当に拠出してもらえるか、スピード感のある意思決定ができるかといった点をリサーチすることを推奨します。

▌パートナー候補との取引

　資料やインタビューを徹底的に精査したとしても、把握できる情報には限界があります。特に、開発力、販売力、コンサルティング力などのスキルやノウハウのレベルは、実際の業務を通じてでなければ正確に把握できません。インタビューを受けるマネジメント層は、当然ながらプライドを持って経営をしているため、定性的な要素についてはついポジティブに回答しがちです。また、両者の価値基準・プロセスの適合性も、言語化が難しいものであるため、資料やインタビューではなかなかわかりません。そのため、まずは取引を実施してみるのが、デューデリジェンスとしては最も効果的です。

　自社にてソーシングを行う場合にも、その実力値を一定程度把握できている既存取引先からパートナー候補をリストアップできるのであれば、それが最も効率的です。

　もちろん、実際に取引をすることは、資料やインタビューを通じたデューデリジェンスよりは時間がかかります。そのため、例えばパートナー候補が自社の競合企業からもアライアンスやM＆Aの打診を受けているような、競争上一刻を争うような場合には、時間的な余裕は乏しいかもしれません。

しかし、取引自体は、資料やインタビューを通じたデューデリジェンス、そしてストラクチャー設計や契約交渉と並行して実施することも可能です。正式なアライアンス関係に入る前であれば、引き返すこともできるので、わずかな時間でも、実際に取引をしてみることはきわめて有用です。

パートナー候補とのアライアンスによるリスクを検討する

事業を成長させるために実施したアライアンスが、逆に事業に歯止めをかけてしまうようなリスク・副作用が発生する場合もあるので、その点についてのチェックも必要となります。

(1) パートナーが競合者となるリスクに注意する

例えば、アライアンスを行った結果、パートナーが競合者になってしまうリスクがないかという点にも配慮が必要です。具体的には、経営資源を提供した結果、パートナーがその経営資源を自社で開発するノウハウや能力を獲得してしまった場合などにこれが発生する可能性があります。例えば、アマゾンはアメリカでは物流においてUPSやフェデックスと提携している一方、企業を顧客とする宅配サービスの準備を進めているとの報道もあります。UPSやフェデックスの立場からすれば、まさにアライアンスを行ったパートナー企業が物流領域において競合者になるケースです。

(2) パートナーに支配されるリスクに注意する

上記と類似しますが、アライアンスを行った結果、パートナー企業に実質的に支配されてしまうリスクも考慮しなければなりません。特に、自社の事業の中核となるコンピタンスを、アライアンスを通じて調達し、かつ、それを他の会社に求めることが困難であり、内製化することもできない場合、自社の事業の生殺与奪の権利をパートナー企業に握られてしまいます。この状態に陥ってしまうと、当該アライアンス関係に拘束されてしまいますし、この関係がさらに変化し、自社の経営資源を相手が内製化してしまう場合や、あるいは自社が拠出する経営資源がコモディティ化してしまっ

た場合は、もはやアライアンスは対等なものではなくなってしまいます。アライアンスの契約条件見直しの際の交渉力にも大きな差が出るため、最終的には不利な条件での経営資源提供を続けなければならなくなる可能性すらあります。

例えば、アマゾンも立ち上げ当初は出版社に書籍の出品を「お願い」する関係にありましたが、顧客に対する価格等の取引条件においてリアル書店を圧倒し、また、アマゾンにおける書籍レコメンドのアルゴリズムが急速に高度化するにつれて、アマゾンの市場支配力が高まっていきました。最終的には、出版社がアマゾンを必要とするようになり、その要求に応じざるを得ない構図ができ上がりました[3]。

アライアンスを検討する場合には、**当初の時点において対等な経営資源の交換を実現することに加えて、中長期的に対等な関係を継続できるかどうかにも注意が必要となります。**

(3) パートナーの「色がつく」リスクに注意する

さらに、自動車業界、航空業界、広告業界、通信業界、テレビ業界など、数社のみで市場のほとんどを占めているような場合には、特定の企業とアライアンス、特に資本関係を伴うアライアンスを実施すると、「色がつく」ことになり、その競合企業との取引が難しくなるケースもあります。

最近ではオープンイノベーションの機運が高まるなかで、こういった状況も減少してきましたが、業界全体に対するプロダクト・サービスの提供を想定している場合には、念のため注意が必要となります。

> **ポイント**
> - パートナー選定の際には、まずは実際に軽い取引をするなどして、その実力を見極めることが重要
> - そのパートナー候補と組むことが中長期的にリスクにならないか、慎重に検討することが必要

---

3 インターネットの普及とアマゾンの交渉力がかけ合わさり、書籍業界においてユーザーとのオンライン接点という「販売資源」がより希少になったと捉えることもできます。

第 **4** 章

アライアンスにおける
交渉プロセス

交渉に向けての準備①
事前準備の重要性

アライアンス交渉の特徴

アライアンス交渉の特徴は、争点や、調整しなければならないトレードオフの関係にある条件が多く、そしてそれらが相互に影響し合う点にあります。

条件間のトレードオフを意識する

例えば、大手企業A社がベンチャー企業B社に開発資金を提供する目的で出資を行い、それとともに、B社のソフトウェアのホワイトレーベル販売ライセンスを受け、それをプロダクトXの名称で販売するとします。ライセンス料は、プロダクトXの販売数に応じて算出されるランニングロイヤリティとします。これは、B社の技術資源と、A社の販売資源と資金資源を交換する資本提携です。この場合に登場しうる論点としては、以下のようなものが想定されます。

もし、A社が、プロダクトXの優位性を確保するために、B社がA社以外の企業に対するソフトウェアライセンスを禁止したい場合、B社としては、禁止による機会損失を埋め合わせる条件を設定したいところです。そこで、一案としては、B社はA社に機会損失を埋め合わせるに足るミニマムギャランティー[1]を要求することが考えられます。しかし、ミニマムギ

1 　一定の権利をライセンスする際に、ライセンシーがライセンサーに支払う最低保証使用料のこと。

◎ソフトウェアライセンスの条件を考える◎

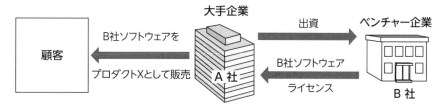

ャランティーを設定するのであれば、プロダクトXの性能が顧客のニーズを常に満たせるように、A社としてB社にソフトウェアのアップデート開発スケジュールに対するコミットメントまで求めたいところです[2]。

　この場合に、B社が、競合へのソフトウェア提供禁止や開発スケジュールへのコミットメントは受け入れられないものの、事業の安定性を確保するためにA社によるミニマムギャランティーを獲得したければ、例えばB社の20％の株式をA社に保有してもらうことも考えられます。出資した結果、B社がA社にとっての持分法適用会社になる場合、B社の業績がA社の業績に影響を与えるため、ランニングロイヤリティをしっかりB社に支払うべく、A社として販売体制を整備するインセンティブが生まれやすくなるためです。

　しかし、これだけの比率の株式を与えてしまうことが資本政策に照らして問題ないかについては、慎重に検討する必要があります。B社が資本政策を検討した結果、A社の持分法適用会社となることは受け入れられないが、それでもなお、まずはマーケットシェアを取るためにA社の販売力を活用したいこともあるでしょう。この場合、例えば、ランニングロイヤリティをA社に有利なように低く設定することが考えられます。ただし、将来的にA社の取扱高が自社の売上の大半を占めるようになった場合、ランニングロイヤリティを低く設定したがゆえに本来得られるはずだったライセンス料が得られず、利益計画に影響が出る可能性があります。したがって、B社としては、初期の段階ではA社の販売力を活用しつつ、並行して

2　なお、B社としては、このコミットメントに応じた場合、自社の他のプロジェクトや事業にどのような影響が及ぶかについて確認しなければなりません。

自社の販売力や他社との提携についても検討しなければなりません。

　アライアンスは、それぞれの条件が有機的に関連しており、ひとつの条件の検討結果に応じて、他の条件を変更しなければならないケースが少なくありません。先ほどの事例では結局、自社の資本政策、競合へのライセンス禁止、自社の利益計画、開発リソースの配分という複数の項目について、どれを諦めて、どれを優先して最大化しなければならいかというトレードオフの判断が必要になります。

　こういった交渉を効率的に行い、獲得したい優先項目の内容を最大にするようなトレードオフを実現するためには、自社として最低限獲得しなければならない条件、条件ごとの優先順位、条件間においてどのようなトレードオフが発生するのかを事前に整理しておくことが重要です[3]。

前提条件を整理する

（1）アライアンスの共通の目的を確認する

　交渉フェーズに限りませんが、アライアンスのプロジェクトでは、コミュニケーション不足による誤解や、自社の短期的利益や表面的利益のために条件を譲らないといった態度により、対立が生じる局面が少なくありません。

　そのような場合、アライアンスのプロジェクトを通じて実現したい目的、そしてその目的がいずれのパートナーのミッションとも適合していることを確認し、この目的から逆算する形で争点を調整することが有益です。

　パートナー間における共通の目的は、アライアンスプロジェクトの羅針盤となります。交渉を行う場合に、自社の提案・要求が共通の目的に資するかどうかを自問自答するとともに、パートナーの提案・要求が目的に資するかどうかも併せて確認していくことが、両者の利害を調整するうえできわめて有益です。そのため、具体的な条件やその文言の交渉に入る手前

3　なお、交渉中に自社のスタンスが崩れないように、譲れない条件については手控えを用意して交渉の席に持参することを推奨します。

の段階において、プロジェクトの目的が何であったかを明確に言語化し、そしてそれをドキュメントに落とし込み、パートナー候補と共有して認識をそろえておくことが欠かせません。

(2) 獲得したい経営資源・必要な契約条件を明確にする

また、アライアンスの目的と併せて、改めて相手から獲得したい経営資源は何なのかについて確認することが重要です。

アライアンスを通じて獲得したい経営資源がすべて手に入るとは限りません。場合によっては、獲得目標としていた経営資源の一部を諦める必要が生じる場合もあります。そのときに、どの要素であれば諦めてよくて、どの要素は絶対に譲れないかが明確でないと、交渉を進めるなかでアライアンスの軸がぶれてしまい、アライアンス自体が目的化してしまいます。

また、アライアンスは最終的には契約文言というアウトプットに具体化されます。どのような契約文言で合意できていれば、経営資源を「獲得した」といえるのかについても事前に整理しておくことが必要です。

(3) プロジェクト体制を確認する

交渉を進めるには、少なくとも共通の目的や獲得したい経営資源について、社内の意思統一を図っておく必要があります。

プロジェクトの体制としては、全体をとりまとめるプロジェクトマネージャー、対象となっている事業の事業責任者、セールス責任者、交渉そのものを取り回すフロント担当、法務面をサポートするリーガル担当、事業計画・財務面をサポートするアカウンティング担当、技術連携を伴うアライアンスであれば技術担当、資本関係を伴うアライアンスであればファイナンス担当が必要になります。プロジェクトマネージャーは、自社の担当役員、経営幹部、他部署との調整をしなければならないため、社内において一定の信頼と役職のある者をアサインすることが理想的です。

技術連携を伴うアライアンスについては特に注意が必要です。理論上実現可能な技術連携であったとしても、当該連携を実現するためのエンジニアの人員の確保やスケジュールは、技術担当でなければ調整・設計できま

せん。技術の「現場」の状況を軽視して調整・設計されたアライアンスの条件も「企画部門から押し付けられたもの」になりかねません。共通の目的や獲得したい経営資源についての認識を統一したうえで、実現可能性を含めて技術担当の意見を汲みあげる必要があります。

　なお、プロジェクトマネージャーとフロント担当は同一人がベストですが、プレゼンテーションの上手なメンバーや、契約実務の勘所を押さえているリーガル出身者やタフな交渉に強いメンバーをアサインすることもあります。また、海外企業とのアライアンスであれば、最低限の英語力が必要となります。

　フロント担当は基本的には中心人物としては1人ですが、交渉内容によって担当者が分かれることもあります。例えば、技術的な内容について複雑な交渉を要する場合には、技術面のフロント担当を設置して手分けをするか、技術面のフロント担当にリードさせつつ全体のフロント担当がサポートするといった体制で臨む場合があります。

　なお、ベンチャー企業においては上記のような分業がまだなされてないケースが多いため、基本的にはCEOを中心とした経営メンバーでプロジェクト体制を構築することになります。専門的な知見については適宜、社外の専門家のリソースを活用しつつ、迅速な意思決定をしていくことが理想的です。

(4) 目標のすり合わせをする

　アライアンスの契約内容として、売上等の数値目標を設定することも少なくありません。数値目標が現実的であるかどうかは、フロント担当だけで判断できるものではなく、プロジェクト対象事業の事業責任者、セールス責任者も一緒に検討する必要があります。

　この点、事業責任者、セールス責任者およびその部署のメンバーは、(人事組織制度・評価制度にもよりますが)達成可能な現実的な数値目標を設定したがる傾向にあります。しかし、アライアンスは、非連続的な成長を目指して実施するケースも多く、その効果を最大化するという意味でも、目標アライアンスに伴う数値的な目標はストレッチを効かせた高めのもの

を設定することも必要です。一方で、実際に事業の責任や数値責任を負っている部署のメンバーの納得がないと、当該数値は「企画部門から押し付けられたもの」になってしまいます。したがって、事業担当部署・セールス部署の理解を得たうえでアライアンスを進めるべきです。

(5) 権限・意思決定プロセスを確認する

　ベンチャー企業内部ではさほど問題にならないと思いますが、大手企業がアライアンスを実施する場合、自社におけるアライアンス戦略プロジェクトの権限範囲、意思決定までの手順、検討期間などもあわせて確認しておく必要があります。

　他方で、ベンチャー企業としても、アライアンスの相手が大手企業である場合には、相手企業の権限・意思決定プロセスを事前に確認することが重要となります。特に、資本提携など資金調達の側面もあるアライアンスを実施する場合には、大手企業側の意思決定スピードの遅れはキャッシュアウトにもつながりかねない死活問題となります。

　また、アライアンスのプロジェクトに対する社内の反対組織や意見は、意思決定のスピードにも影響を及ぼすため、事前に把握しておくとよいでしょう。

(6) 制約条件を確認する

　「アライアンスの実現可能性」の項目で確認したとおり、「制約条件」には、①他社との関係における制約、②社内都合による制約、③その他の制約があります。これらに抵触する場合には自社としてアライアンスを進めることができなくなるため、改めて整理しておくことが重要です。

> **ポイント**
> ・アライアンス交渉の特徴は、争点や、調整しなければならないトレードオフの関係にある条件が多いこと、そしてそれらが相互に影響する点にある
> ・自社として最低限獲得しなければならない経営資源・条件、条件ごとの優先順位、条件ごとに発生するトレードオフを事前に整理しておく

交渉に向けての準備②

次善の策(BATNA)と合意可能領域(ZOPA)を整理する

　アライアンスにおいて獲得したい経営資源、社内外の制約条件が整理できたら、次のステップとして、①次善の策（BATNA）、②留保点（RV）、③合意可能領域（ZOPA）を整理します。

次善の策(BATNA)を整理する

　交渉においては、「事前にBATNA[4]を整理しておく」ことが非常に重要となります。つまり、交渉した結果合意に至れなかったときに何が起きるのか、自社としてどのような対応をするのかという点を事前に整理するのです。

　具体的には、第2章以降の本書のプロセスを踏まえつつ、必要な経営資源を獲得するための次善の策（BATNA）を見つける作業が必要となります。

　そして、アライアンス交渉におけるBATNAは、基本的には、異なるパートナーを選択する内容となります。これはさらに、当初から最善と想定していた経営資源獲得手段を別のパートナーで実現するBATNAと、経営資源獲得手段とパートナーのいずれも入れ替えたBATNAの2つに分けることができます。

　本書のプロセスに従ってアライアンスの検討を進めている場合、「パートナー選定」のプロセスで、交渉相手とは別のパートナー候補も検討しているはずです。そのため、他のパートナー候補と同じアライアンスのスト

4　BATNAとはBest Alternative To a Negotiated Agreementの略語であり、「交渉が決裂した時の対処策として最も良い案」という意味です。

◎次善の策（BATNA）のイメージ◎

		パートナー	
		同一	変更
経営資源獲得手段	同一	当初の目的を達成できる範囲での交渉であり、BATNAではない	当初ベストと想定していたアライアンスストラクチャーと同じ取り組みを、別のパートナーと実施
	変更		経営資源獲得の手段も、その獲得先も変更

ラクチャーを組むことが次善の策（BATNA）となる可能性があります。もちろん、他のパートナー候補が具体的にどのような条件ならアライアンスに応じてくれるのかという点も含めて把握しておかなければ、そのパートナー候補とのアライアンスが「Best Alternative」であるかは判断できません。いずれにせよ、アライアンスの選択肢を広く確保しておくため、その意向を確認しつつパートナー候補を広くリストアップして検討しておくことは非常に重要です。

　また、同じストラクチャーでのアライアンスに応じてくれる他のパートナーがいない場合、「経営資源獲得の手段」まで遡って再検討する必要があります。その結果、当初とは異なる経営資源獲得手段を採用することがBATNAになる場合もあります。例えば、「アライアンスの条件交渉が着地しなかったため、自社開発・構築に踏み切る」というケースも少なくありません。

　なお、第2章で検討したとおり、経営資源獲得手段にはそれぞれの強みと弱みがあります。経営資源獲得の手段として重視したいポイントを特定したうえで、そのポイントを達成できる「次善の策」をピックアップすることが大切になります。例えば、もともと経営資源に対する「支配度」を重視して資本提携を検討していたのであれば、少なくとも市場取引ではなく自社開発・構築やM&AがBATNAとなります。

留保点（RV）を検討する

　次善の策（BATNA）を整理した結果、留保点（RV[5]）が導き出されます。

　仮に、経営資源Aを獲得するにあたり、①6か月後には経営資源の利活用をスタートすること（スピード）、②経営資源の改良・維持の状況をモニタリングするために取締役を派遣すること（支配度）、③投資金額を20億円以下に抑えること（財務的制約条件）の3点を獲得することを目標として、自社を出資者とする「資本提携」を最優先のストラクチャーと考えているとします。

　このとき、次善の策（BATNA）を検討するにあたっては、資本提携に応じてくれる他のパートナー候補がいるかどうかが最初のポイントとなります。仮に、①6か月後には経営資源Aの利活用をスタートできる、②経営資源の改良・維持の状況をモニタリングするために取締役会のオブザーバー権を与えることができる、③投資金額は20億円、という条件での資本提携が可能なパートナー候補がおり、代わりの手段としてこの候補との資本提携がベストである場合、これが次善の策（BATNA）となります。

　そして、ここで合意できる、①6か月後からの経営資源Aの利活用スタート、②取締役会のオブザーバー権の獲得、③20億円の投資、が留保点（RV）となります[6]。

5　RVとは、Reservation Valueの略語であり、「留保点」と訳されることがあります。BATNAを採用した場合に得られる条件や価値のことであり、別の表現をすれば、「そんな条件に応じるくらいなら、交渉から撤退してBATNAを採用する」という撤退基準です。アライアンスの交渉を進めていると、費やした時間がもったいないように思えてきて、「何かしら合意しなければならない」という意識になってしまうケースもあります。しかし、交渉のために費やした時間や労力はサンクコストであり、これにとらわれてはなりません。交渉の目標は、何でもいいから合意することではなく、合意しないよりは良いといえる内容の条件に到達することであり、その基準こそがRVです。

6　なお、留保点（RV）となるのは、ストラクチャーではなく、あくまでも①〜③の各要素の水準です。したがって、BATNAにおける①〜③の要素の水準を超えることができるのであれば、最終的に合意するストラクチャーは必ずしも資本提携である必要はありません。例えば、6か月後の事業開始を目途として、出資金額20億円で自社の役員を派遣する合弁会社を設立し、パートナー企業は経営資源Aを当該合弁会社に譲渡する、という方法もRVを満たしていることになります。また、M&A（事業譲渡）として、6か月後のクロージングを想定して経営資源Aを含む事業を20億円で譲り受けるという方法も、RVを満たしていることになります。このように、交渉を実施する前の段階で、採用の可能性のあるストラクチャーを広くリストアップしておくことで選択肢が広まります。

　資本提携に応じてくれる他のパートナー候補がいない場合には、経営資源調達手段も変更した次善の策（BATNA）を検討しなければなりません。仮に、経営資源Aがあまりに先端的なものであり、そもそも他に経営資源を調達する相手がいない場合であれば、自社開発・構築が次善の策（BATNA）となるかもしれません。自社開発・構築の場合において、開発期間が18か月に及び、投資金額が15億円となるのであれば、①18か月後からの経営資源Aの利活用スタート、②経営資源の改良・維持の状況をモニタリングできること、③15億円の投資、が留保点（RV）となります。

　なお、例えば、次善の策（BATNA）が自社開発のケースにおいて、パートナー候補と交渉した結果、①6か月後からの経営資源Aの利活用スタート、②取締役会のオブザーバー権の付与、③25億円の投資という条件以外に合意に到達できそうにないという状況が生じることもありえます。経営資源の改良・維持の状況をモニタリング（②）については留保点（RV）を上回る一方で、投資金額（③）についてはRVを下回っていますが、この場合に、交渉を決裂させて次善の策（BATNA）を採用するか否かを決めるために、事前に自社として最低限獲得しなければならない条件、条件ごとの優先順位を整理しておかなければなりません。このケースにおいて、資金にまだ余裕がありスピードを最優先する場合には、資本提携を実行することになりますし、そもそも投資の原資として20億円以上用意できない場合には、自社開発・構築に踏み切ることになります。

合意可能領域（ZOPA）を推測する

（1）自社にとって最も有利な条件を獲得する

　合意可能領域（ZOPA[7]）とは、交渉当事者それぞれのRVをクリアしているため、両者が納得でき、交渉が妥結する可能性がある範囲です。この合意可能領域（ZOPA）のなかで、相手の留保点（RV）のギリギリの条

7　ZOPA（ゾーパ）とは、Zone Of Possible Agreementの略語であり、「合意可能領域」と訳されることがあります。交渉相手のRVは基本的には知ることができないので、交渉のプロセスを通じた情報収集を行い、相手のRVを推測しながら、ZOPAの仮説を設定していくことになります。

件が自社にとって最も有利な条件となります。しかし、相手の次善の策（BATNA）や留保点（RV）を事前に知ることはできないので、交渉プロセスにおける情報交換を通じてこれを推測し、自社に有利な条件を獲得していくことが交渉のセオリーとされています。

　交渉当事者同士の立場が対等でなく、それを一方（あるいは双方）が認識している場合は、合意に至ることは難しくありません。留保点（RV）に余裕がなく弱い立場にある者は、留保点（RV）に余裕がある強い立場にある者の要求を受け入れざるを得ないからです。

　例えば、交渉を成立させたい期限も、留保点（RV）の1つとなります。資金ショートが迫っており、資本業務提携を通じて資金を確保する必要があるなど、一方には速やかにアライアンスを開始しなければならない事情があるが、他方にはそのような事情がないのであれば、前者の企業が交渉上の立場は弱くなり、時間的余裕のある企業は、「牛歩戦術」のように時間を使って相手を追い込み、譲歩させることで、有利な契約成立を勝ち取ることもできます。

（2）中長期でのwin-winを志向する

　もちろん、一回限りの取引に関する交渉であれば、相手の留保点（RV）ギリギリの条件での合意を目指すスタンスでも有益かもしれません。

　しかし、アライアンスに関しては、相手の留保点（RV）が辛うじて守られるラインでの交渉妥結が理想的とは考えません。アライアンスは長期的な関係を前提としています。留保点（RV）ギリギリのポイントで妥結した場合、長期的にアライアンスプロジェクトを進めていくなかで、一方が不公平感・違和感を覚えてしまう可能性があります。こうなると、アライアンスの推進力が落ちる可能性がありますし、契約更新のタイミングで更新拒絶がなされるかもしれません。

　アライアンスにおいては、中長期的に見ても「公平」だといえるようなwin-winの条件での決着を意識することが重要です。

（3）ベンチャー企業が大手企業と交渉する場合

　一方で、例えばベンチャー企業が大手企業と交渉する場合、必要以上に遠慮する必要はありません。もちろん、大手企業のほうが資本力やブランドを持っていて交渉上有利であることも少なくないため、ベンチャー企業としては最初から弱腰になってしまうこともあります。しかし、交渉の有利不利は、あくまでも自社として相手の次善の策（BATNA）および留保点（RV）に左右されるものです。したがって、新規技術等の希少性の高い経営資源を持つベンチャー企業であれば、当該経営資源を他から調達できないなどの事情で交渉相手である大手企業の留保点（RV）が限られているケースもあるため、自らの利益を毀損するほどの譲歩をする必要はありません。

> **ポイント**
> - 交渉には相手がある。したがって、次善の策（BATNA）、留保点（RV）、合意可能領域（ZOPA）の検討は欠かせない
> - アライアンスにおいては、中長期的に見ても「公平」だといえるようなwin-winの条件での決着を意識することが重要

3 交渉スタート時の留意点

交渉に臨む姿勢

(1) 交渉は2種類ある

　交渉には、分配的交渉と統合的交渉の2種類があります。アライアンスにおいては統合的交渉を実施するように心がける必要がありますが、そもそも、分配的交渉や統合的交渉とは何なのでしょうか。

(2) 分配的交渉とは何か

　分配的交渉とは、ある一定量の利益や損害を、自分と交渉相手それぞれがどれだけ獲得または負担するかを調整する交渉のことをいいます。

① 分配的交渉の具体例

　例えば、A社がB社に設備Xを譲渡する交渉をしていて、A社もB社も、この交渉における争点が「価格」だけで、A社は1億円以上で売れないと利益が出ず、B社は2億円以下で譲り受けないと利益が出ないとします。

　このとき、1億円で契約すればA社には利益は生まれませんが、B社には1億円の追加の利益が生じます。もし1.5億円で契約すれば、A社・B社それぞれに5000万円の利益が発生します。一方で、もし2億円で契約すれば、A社に1億円の利益がもたらされ、B社は利益を得られません。

　このように、分配的交渉は、上限の決まった利益を取り合う、あるいは譲り合う交渉であるため、「ゼロサムゲーム」であるとか「パイの奪い合い」であると表現されます。

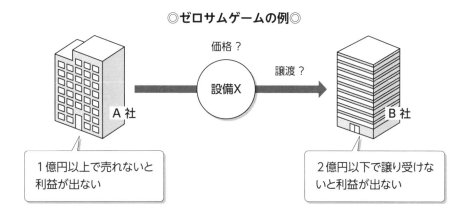

◎ゼロサムゲームの例◎

価格？

設備Ｘ

譲渡？

Ａ社

Ｂ社

１億円以上で売れないと利益が出ない

２億円以下で譲り受けないと利益が出ない

② 分配的交渉は可能な限り避ける

　分配的交渉は、可能であれば避けたい交渉方法です。お互いが、いかに相手の利益を削り取り、自分の利益を獲得するかを追求するので、相手に対する牽制や騙し合いの側面が強くなり、お互いの信頼関係を構築するのが難しくなってしまいます。一回限りの取引に伴う交渉であればまだしも、長期的な信頼関係に基づく連携を前提とするアライアンスの交渉には不適切です。

（3）統合的交渉とは何か

　統合的交渉とは、相互に価値の異なる交渉事項を出し合って合意を探る交渉のことをいいます。

① 統合的交渉の具体例

　例えば、先ほどと同様に、Ａ社がＢ社に設備Ｘを譲渡するケースにおいて、価格のみに着目すると、Ａ社は１億円以上で売れないと利益が出ず、Ｂ社は２億円以下で譲り受けないと利益が出ないとします。このとき、Ａ社が１億円以上で売れないと利益が出ないのは、設備Ｘの簿価が１億円であり、また、Ａ社としては設備Ｘの保守に充てていた人員をアサインする他の仕事はないからだとします。一方で、Ｂ社が２億円以下だと利益が出ないのは、譲り受けた設備Ｘの保守点検を5000万円で外部の業者に依頼し

なければならないため、本来であれば2.5億円まで支払う能力があるものの、譲り受けの対価としては2億円までしか支出できないからだとします。

このとき、価格のみに関して分配的交渉をしていたら、前述のとおり両者の利益は合わせて1億円にしかなりませんが、保守点検業務という新しい条件を追加して、設備Ｘの譲渡を、「1.75億円（Ａ社による保守点検業務の費用を含む）」という形で妥結すれば、Ａ社には7500万円、Ｂ社には7500万円、合計で1.5億円の利益が生まれます。

このように、お互いに価値の異なる交渉事項を出し合って合意を探るのを統合的交渉といい、その成否は「自分と相手で価値の異なる交渉事項」をどれだけ用意できるかにかかっています。表現を変えるとすれば、「利害関係のズレに基づく、ぜひ手に入れたいものと、たいして重要視していないものとの交換」が統合的交渉です。

今回のケースでいえば、保守点検作業を実施することは、人員が余っているＡ社にとっては比較的小さなデメリットですが、業者に外注をしなければならなかったＢ社にとっては大きなメリットです。このような条件を追加することにより、お互いの利益が生まれるのです。

② 統合的交渉を行うための前提
　統合的交渉を行うためには2つ以上の取引材料が必要となります。取引材料を発見するためには、交渉における密なコミュニケーション・情報交換と、その前提となる当事者間の信頼関係の構築がきわめて重要となります。交渉のプロセスにおいて、駆け引きを行わず紳士的な態度をとることや、誠実に情報開示をすることはもちろん、交渉のプロセス外においても親睦を深めることがポイントになります。「交渉」というとドライなプロセスであるとの印象を抱く人も多いかもしれませんが、かなりウェットなプロセスであると理解しておくほうが実態に近いものと考えます。

　もちろん、分配的交渉を行わざるを得ない場面もありますが、なるべく統合的交渉に転換させようと常に心がけることで、交渉がスムーズに進む可能性が高くなります。

　どのような点に着目すれば統合的交渉を実現しやすいかについては、後

◎分配的交渉ではなく統合的交渉を◎

分配型

統合型

 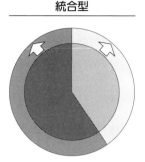

決められた大きさのパイの取り分を
お互い争うゼロサムゲームではなく、

一緒にパイの大きさを広げる、
協議/話し合いのプロセス

述します。

（4）アライアンス当事者以外の関係者への配慮を忘れない

　アライアンスは、長期的な関係を前提とした事業連携なので、少なくと
も、お互いが得をする取引でなければなりません。しかし、アライアンス
当事者だけの利害を追求するだけでは不十分です。

　アライアンスに限った話ではありませんが、当事者だけでなく、その事
業のすべての関係者の立場から条件設計を見直してみることが必要です。
ここでは、アライアンスに関わっているすべての関係者が便益を受けてい
るか、また、特定の関係者が不公平な扱いを受けていないことを確認しま
す。アライアンス当事者以外の関係者にしわ寄せがあるような条件では、
アライアンス自体の長期的な発展は見込めません。

　例えば、電子機器Yを開発・量産するために、Ｃ社が特許等の技術資源
を提供し、Ｄ社が組立工場等の生産資源を提供するケースにおいて、Ｄ社
はすべてを自社で製造するわけではなく、部品に関してはＤ社が契約して
いるサプライヤーから調達するとします。このとき、仮にＣ社とＤ社との
間で両者がwin-winとなる条件について合意できたとしても、それがＤ社
に対するサプライヤーの身を削るような値下げを前提としている場合には、
サプライヤーの離脱が発生したり、事後的に値上げ交渉に対応するコスト

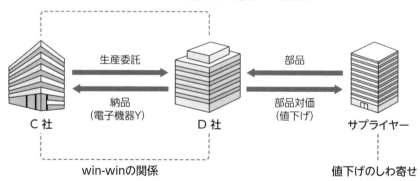

◎当事者以外の関係者の利害にも注目◎

生産委託 C社 → D社

納品
（電子機器Y）

部品 D社 ← サプライヤー

部品対価
（値下げ）

win-winの関係

値下げのしわ寄せ

が発生したりするなど、D社の生産能力を長期的に維持することが難しくなり、アライアンスが長期的に成功する確度は低くなります。

　このようなことは当たり前のことですが、アライアンスの交渉を進めていると、どうしても目の前のアライアンスパートナーとの条件に意識が集中しがちで、アライアンスの事業を進める際に連携しなければならない関係者の利害にまで意識が及ばなくなってしまうことも少なくありません。**アライアンスをめぐる関係者全員の利害調整を意識しておく必要があるのです。**

ポイント

・アライアンスの交渉では、長期的な信頼関係に基づく連携の実現を目指す
・利害関係のズレに基づく、ぜひ手に入れたいものと、たいして重要視していないものとの交換を目指す（統合的交渉）

4

交渉プロセス①
交渉プロセスの全体像

■ アライアンスの交渉プロセス

交渉プロセスは、概ね下図の手順で進められます。

◎アライアンスの交渉プロセス◎

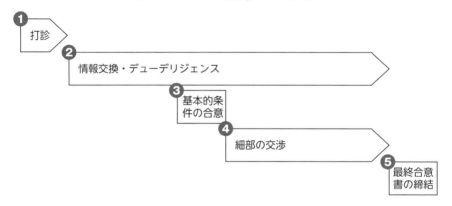

アライアンスの交渉は、①相手企業への打診から始まります。打診のルートは、どういった経路でソーシングを実施したかにもよります。自社の取引先に対してアライアンスの打診をするのであれば、普段やりとりを行っているメンバーから打診をすることも考えられますが、その際、相手企業の誰に打診するかについては吟味が必要となります。

相手企業とのコミュニケーションが開始されたら、②積極的な情報交換とデューデリジェンスを行います。お互いが情報を不足なく交換すること

で、アライアンスの足並みがそろい、win-winのアライアンスを実施できるようになります。

　情報交換を通じて、お互いがアライアンスによって実現したいミッション、アライアンスによって何を獲得したいのかについての大枠の合意に至ることができたら、③基本的条件の合意を行います。最終的なアライアンスの契約書を締結する手前のステップとして大枠の合意をすることで、その後の交渉プロセスをスムーズに進めることができるようになります。

　基本的条件について合意ができたら、残るは④細部の条件についての交渉です。ここで、お互いが経営資源をどのような条件で利活用できるかというアライアンスの内容そのものを具体的に決めていくことになります。

　そして、具体的な条件・細部の条件についても合意できて、ようやく⑤最終合意書を締結することになります。

　それでは、それぞれのステップでの考え方や留意点について確認していきましょう。

打診経路を吟味する

　パートナー候補企業の誰と交渉を開始するかによって、アライアンス推進のスピードは大きく変わります。

　この点について、相手が大手企業の場合にはボトムアップで、そうでない場合にはトップダウンで提携関係を作り上げるようにするのがよい場合もあります。たしかに、大手企業において実務を推進しているのはミドルマネージャーや現場の担当者であることが多いですし、ベンチャー企業については社長が事業推進の主体であることが多いためです。

　しかし、大手企業を相手としてトップダウンを使うことができるのであれば、それに越したことはありません。なぜなら、ボトムアップで大手企業の意思決定を獲得するには、一般的には多大な工数がかかるからです。他の部署の協力を得る必要がある場合には部署間交渉が発生するなど、組織が体系化されているがゆえの調整コストは侮れません。そこで、複数の部署を横断的に管掌している立場の人間から号令を出すことができれば、

そういった調整コストも最小限で済みます。

　このように、自社やパートナー候補企業がベンチャー企業か大手企業かにかかわらず、相手の最終意思決定者である「ラスボス」の近くからトップダウンで関係を作り上げることができれば、意思決定のための手続的負担は軽くなります。

　アライアンスを打診する際には、自社のネットワークを駆使して、相手企業の実質的意思決定者に近い人に対して打診できるように工夫することが求められます。

ポイント
- アライアンスの打診は、できるだけトップに近いポジションの人に行う

交渉プロセス②

情報交換とデューデリジェンス

なぜ情報交換が重要なのか

　統合的交渉を実施し、中長期的に見ても「公平」だといえるようなwin-winな条件のアライアンスを実現するには、当事者双方が十分に情報交換・情報共有することが重要です。相互に情報を交換・共有することで、両者が限られた資源を効率的に分けるためのヒントが得られるからです。

　以下は、情報交換の重要性を説明する際に用いられる有名な事例です。

> 　2人の姉妹が、ひとつのオレンジをめぐって喧嘩をしています。「半分に分けたら？」との親からのアドバイスに対して、2人とも「ひとつ分が必要なの！」と言って聞きません。
> 　しかし、その後しばらく話し合った結果、姉妹で無事にオレンジを分け合うことができました。それはいったいなぜでしょう。

　正解は、「2人はオレンジの皮と中身を分け合った」というものです。要するに、表面的な主張としては、2人とも「オレンジひとつ分」が必要であるという相入れない主張をしており、オレンジを「半分に分ける」という、両者が我慢を強いられる決着しかないように見えますが、実は根本的には2人が求めていたものが違っていたということです。1人はオレンジの果実を食べたかったのですが、もう1人は果実が食べたかったのではなく、オレンジの皮でマーマレードを作りたかったのです。このような利害関係のズレに基づき、姉妹はそれぞれがぜひ手に入れたいものと、たい

して重要視していないものとを交換したのです。

　このように、表面的に対立・矛盾して両立しえない主張があったとしても、その主張の背後にある目的・狙い・本当に得たい利益について、お互いに情報交換・開示・共有することで、自分と相手で価値の異なる項目（利害関係のズレ）を発見できます。この利害関係のズレを踏まえて統合的交渉をすることで、両者がwin-winになる交渉結果がもたらされるのです。

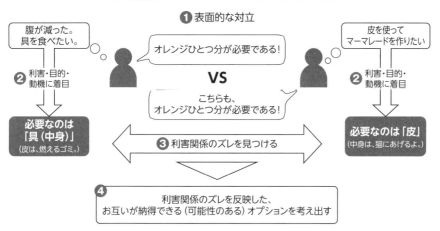

◎利害関係のズレからオプションを考える◎

なお、この情報の交換・共有は、交渉の冒頭でまとめて行われるものではなく、交渉でのコミュニケーションのなかで継続的に行われていくものです。そのため、交渉の流れのなかで現れてくる追加的な情報をしっかり利用することが重要となりますし、継続的に情報を聞き出す姿勢も忘れてはなりません。

秘密保持契約を締結する

（１）経営資源・ニーズ・条件の開示

　パートナー企業とアライアンスの検討を行う場合、自社の中長期の経営戦略、事業戦略、アライアンスを通じて獲得したい経営資源（つまり、自

社に不足している経営資源）についての情報を相手に開示することになります。後述するように、積極的に自社が求める経営資源・ニーズ・条件を開示することは、長期的なwin-winの条件を見出すために非常に重要であり、情報開示を惜しむことは基本的に得策ではありません。

（2）自社の経営資源の状態を確認してもらう

　また、アライアンスとは経営資源の交換です。そのため、自社の経営資源が、本当に相手が求めているものなのかどうかを確認してもらう必要もあります。販売資源を目的とするアライアンスであればプロダクト情報、販売実績など、技術資源を目的とするならば技術内容、開発実績など、出資を伴うアライアンスならば財務情報も開示します。

（3）秘密保持契約が欠かせない理由

　他方で、アライアンスは検討を経て中止されることも往々にしてあるので、結果として、パートナー候補の企業に将来的に競争上不利になる情報を与えただけになってしまうケースもあります。特に、ベンチャー企業が、経営資源の潤沢な企業とアライアンスの検討をする際には注意が必要です。経営資源の潤沢な企業は、ベンチャー企業の構想・戦略や技術情報・ノウハウを参考にして、自社開発・構築で事業を立ち上げることも不可能ではないからです。

　そのため、相手企業と秘密保持契約（NDA）を締結することが必須になります。詳細は専門書を参照いただくとして、その際の主要なポイントは次のとおりです。

◎秘密保持契約（NDA）のポイント◎

- 秘密情報を開示する目的を明確にする
- 秘密情報の定義、特定の方法を明確にする
- 秘密情報を開示する者の範囲を決める
- 秘密情報の利用方法を限定する
- 秘密保持の期間を決める
- 秘密情報の返却・廃棄について定める
- 違反した場合の効果を定める

　なお、内容のしっかりした秘密保持契約を締結したとしても、契約に基づいて秘密情報を実際にコントロールすることは簡単ではありません。

　例えば、秘密情報が記載された紙媒体を廃棄し、秘密情報に関するデータを削除したとしても、人間の頭に記憶された秘密情報を強制的に削除することはできません。したがって、情報の開示をする際には、アライアンス交渉のために必要最小限のメンバーを対象にするといった工夫も求められます。

（4）情報遮断の工夫

　情報感度の高い企業たちは、時代の変化を敏感に捉え、同時多発的に似たような技術やプロダクトを生み出すことがあります。そのため、アライアンスの検討において開示された秘密情報に触れていない別部署が、偶然にも類似の情報やノウハウを用いたプロダクトの開発に成功することもあります。このとき、アライアンスの検討において開示された秘密情報を流用して開発を実施したのではないかという疑いをかけられることもありますが、受領者としては、開示を受けた秘密情報を参照せずに独自に開発したことを立証することは簡単ではありません。そのため、受領者における実務としては、例えばデューデリジェンスを実施するチームと開発や事業に携わるチームとの間で情報を遮断しておくなどの工夫をすることが推奨されます。

（5）情報を区切って段階的に開示する

　他方で、相手への情報提供が自社の事業に悪影響を及ぼさないように、自社が開示する情報を、検討の段階に応じて区別するという手当も考えられます。具体的には、検討の初期の段階では、公表情報からでも推測できそうな情報の提供にとどめ、両者のトップマネジメントも含めてアライアンスを推進する姿勢を示した段階からある程度詳細な戦略まで共有し、LOIやMOUが提出された場合にはデューデリジェンス対応も含めて細かい情報を開示していくなどのステップを踏んでいくことができます。

　特にノウハウに関しては、一旦開示されてしまうと誰かの記憶に残ってしまうという意味においても回収が困難となるので、最終契約の締結が近づくステップまで部分的な開示にとどめるのがよいケースも少なくありません。

◎情報開示のステップ◎

	検討初期 ⇨	LOI・MOUの締結 ⇨	最終契約の締結
公表情報に準じた情報	開示		
アライアンスを実施するべきかを判断するに足る詳細情報	非開示	開示	
アライアンスを実行するために必要な機密性の高いノウハウを含めた情報	非開示		開示

相手の意思決定者・意思決定プロセスを把握する

　交渉においては、相手の利害や置かれている状況を把握・理解することが非常に重要です。相手の次善の策（BATNA）まで知ることができれば交渉を優位に進めることができますし、相手の利害状況を把握することで、双方にとってwin-winとなりうる条件を提案することもできます。

　このとき、交渉「内容」についての情報収集に負けず劣らず、交渉に先立って、あるいは交渉を進めるなかで、**相手の意思決定プロセスに関する情報を収集することもきわめて重要です。具体的には、相手の意思決定プロセス、意思決定ルート、意思決定機関、実質的な意思決定者について確認します。**

　これは特に、ベンチャー企業が大手企業を相手に交渉する際に重要な確認事項となります。ベンチャー企業であれば、CEOやCOOなど、自分で意思決定できる立場の人がアライアンスを統括する場合が多いでしょう。一方、例えば、大手企業であれば、組織図上、交渉のフロントとなる担当者の上に、当該アライアンス事業の責任者がいて、さらにその上に管掌役員がいるケースがあります（さらに階層が多い企業もあります）。加えて、出資等の資本が関係するコーポレートアクションに関しては別ラインに位置する経営企画部門の承認が必要な場合もあります。そのため、ベンチャー企業CEOと相対している大手企業担当者との話し合いで合意した事項が、大手企業側で上長の承認を求めた際に否定されてしまうケースもあります。また、交渉を進める際には、お互いが一定の譲歩をしながら妥結点を模索しますが、ベンチャー企業CEOと大手企業側の事業責任者との間で、ギリギリの交渉の末、互譲によって妥結したと思われる条件が、大手企業側の経営企画部門に否定され、さらなる追加譲歩をせざるを得なくなるケースもあります。

　さらに、最終意思決定者や、交渉に関わる相手企業メンバーの立場や社内力学も把握できると、より交渉をうまく進められるようになります。例えば、仮に相対している事業責任者が最終意思決定者ではないとしても、

その人にとって当該アライアンスを実現しなければならない社内的な理由（例えば、社内評価の観点から大型提携の実績が必要など）がある場合、その人から多くの譲歩を引き出すことが可能になるだけでなく、アライアンスを成立させるという点においては「仲間」となり、同じ目線で最終意思決定者に対して説得を試みることができます。

┃ 相手の目的や戦略を把握する

（1）交渉ではなく協議する

　理想的な交渉は、「交渉」ではなく、win-winの関係を見出す「協議」です。「交渉」が「協議」として成立するには、アライアンスによって達成したい目的が当事者間で共通している必要があります。この目的は、それぞれの立場や利害を超えた大義のあるものが理想的です。アライアンスを通じて利益を享受するのは、アライアンス当事者だけではなく、顧客でもあり、社会でもあるような、そういった目的が理想的です。**当事者間において、こういった「異論の挟みようがない」大義ある目的が明確になると、アライアンスの諸条件はそこから演繹的に導くことができるため、大きな対立は生まれにくくなります。**ソフトバンクグループの孫正義代表取締役会長兼社長も、買収を実施する際には、条件の話に先んじて自らのビジョンや夢を語るといわれていますが、達成したい目的を先に固めるというセオリーに沿っている交渉スタイルだといえます。

（2）徹底的にヒアリングする

　そのため、まずは相手企業としてのミッション、経営戦略をしっかりとヒアリングし、アライアンスの大義ある目的に向かっていくことが、相手としても異論を挟めないものであることを確認します。

　そのうえで、自社のミッションや経営戦略を推進するうえでの課題、アライアンスによって何を獲得したいのか、どのような理由や経緯でアライアンスを検討しているのかを具体的にヒアリングする必要があります。

　なお、上記のヒアリングを通じて、結果的に相手のBATNAが推測でき

る場合もあります。例えば、ヒアリングを通じて、経営戦略を実行するうえで技術資源が不足していたが、スケジュール上で間に合わないため社内での開発を断念したという経緯を把握できれば、同じスケジュールを前提としている限り、自社開発がBATNAとなることはないと推測できます。

（3）相手の目的が判然としない場合

　また、ミッションや経営戦略をヒアリングしたり交渉を進めるなかで、相手企業に明確なミッションがないことが判明する場合もあります。アライアンスの真意が、技術を排他的に取り込み、自社の競合に使わせないようにする点にあるケースもありえます。相手企業が、その提示するミッションや経営戦略から演繹的に考えたときに、説明ができない、あるいは説明が難しい契約条件にこだわる場合には、アライアンスには別の真意がある可能性があるので注意が必要です。

デューデリジェンスを実施する

　第3章では、パートナー選定のプロセスとしてデューデリジェンスを実施すると説明しましたが、デューデリジェンスは情報収集の手段でもあり、アライアンスの目的となっているパートナー企業候補の経営資源がどのようなものであり、アライアンスに支障となる問題がないかを確認するものであると同時に、相手のBATNAやRVを把握するためにも活用することができます。

　例えば、A社に対する出資を前提とした資本提携を検討しているとします。このケースにおいて、A社の財務面のデューデリジェンスを実施した結果、運転資金が3か月後に尽きてしまうことが判明した場合、相手は「3か月」という期限が設定された状態での交渉をしていることになります。この事実をテコにして交渉を優位に進めることは必ずしも適切であるとはいえませんが、少なくとも、A社が他の資金調達先を探す時間的余裕がないことが把握できます。

　また、例えば、B社の技術資源の提供を受ける業務提携を検討している

とします。このケースにおいて、デューデリジェンスとして確認したB社とアメリカ企業との間の契約書に、他のアメリカ企業への当該技術資源のライセンスが禁止される条項が入っていた場合、少なくとも今回の業務提携の交渉相手としてアメリカ企業が登場しないことが把握できます。

　アライアンスの交渉においては、相手とのコミュニケーションを増やして情報を引き出すのが基本ですが、上記のように、相手が積極的に口に出したがらない情報をしっかりと捉えるための手続としてデューデリジェンスを活用できます。

ポイント

- 相手の意思決定プロセス、意思決定ルート、意思決定機関、実質的な意思決定者について確認しておく
- 理想的な交渉は、「交渉」ではなく、win-winの関係を見出す「協議」である。アライアンスによって達成したい目的が当事者間で共通していると「協議」として成立しやすい

交渉プロセス③
基本的条件に合意する

アライアンス開始までに登場するドキュメント

　正式なアライアンスを開始するまでに登場するドキュメントとしては、次のようなものがあります。

　まず、アライアンスの趣旨・目的や主要な条件に関して大枠の合意に達した段階で締結するのが、趣意表明書（Letter of Intent、略してLOI）あるいは覚書き（Memorandum of Understanding、略してMOU）と呼ばれる書面です。

　LOIやMOUを経て、詳細な条件も含めてすべての項目について合意された段階で締結するのが、正式契約書（Definitive Agreement、略してDA）と呼ばれるものです。

　MOUは他社とのアライアンス検討を拘束しない一方、LOIは優先交渉権・独占的交渉権が含まれるものだとする整理もありますが、実際はLOIとMOUは区別されないことも多く、最終的なDAと、その事前のタイミングで大きな方向性を確認するLOIまたはMOUの2ステップに分かれると理解しておけば実務上は支障ありません。また、M&Aの場合にはLOIとMOUを締結することも少なくありませんが、アライアンスの場合は、正式契約書のみを締結する場合も少なくありません。

LOI・MOUの内容

　LOIやMOUの多くは、独占交渉権や秘密保持等の一部規定を除いて法

的な拘束力・強制力を持たないものとして締結されます。拘束力がない状態を、一般的にはノン・バインディング（Non-Binding）といいます。

　法的な拘束力・強制力がないのであれば、書面を交わす意味がないのではないかと思われるかもしれません。しかし、実際に書面を交わすことで、その時点での交渉当事者の意思や考えが確認できますし、また、意思を書面の形で表明させて記録することで、「一貫性の原理」によりその後の態度の豹変・手のひら返しをある程度防止することが可能になります。「一貫性の原理」とは、一度示した行動や発言などを整合するような行動を貫き通したいと思う人間の心理的な作用のことをいいます。

　一方で、LOIやMOUを締結していたとしても、アライアンスの交渉を打ち切られるケースも少なくありません。LOIやMOUの締結後であっても、別途の合意がない限り、ノン・バインディングである以上、最終的な契約を締結するかどうかは各当事者の自由であり、より有利な条件を提示する別の新しいパートナー候補企業とのアライアンスを進めるために、経営判断としてLOIやMOUを破るということも合理的だからです。

　ただし、契約内容の大部分が煮詰まった段階まで交渉が進んだ場合、交渉当事者には、誠実に交渉して契約の締結に努める信義則上の義務が生じることがあります。この義務に違反して正当な理由なく契約の締結を一方的に拒否した場合には、相手方に生じた損害を賠償する義務が生じる可能性もある点に注意が必要です。

　LOIやMOUに記載する項目の例としては、以下のようなものが挙げられます。

◎LOI/MOUの項目例◎

- 取引の目的
- 検討体制、連絡窓口
- 取引後の事業戦略、運営方針、事業価値向上のための施策、想定シナジー
- 事業の希望譲受価格および算定根拠（式）
- 取引スキーム、取引主体
- 取引に必要となる資金の調達方法・調達先

- デューデリジェンス時の重要事項および取引までに必要な確認事項
- LOI/MOU提出までに行われた決議・社内手続
- 今後必要な決議プロセス、取引の前提条件
- 想定スケジュール
- 優先交渉権・独占交渉権の希望等
- 公表の可否
- 準拠法、管轄および言語
- 誠実交渉義務
- 守秘義務条項
- ノン・バインディング条項

　なお、LOI・MOUに法的拘束力があるかどうかについては、法律もなく、判例での判断もケースバイケースです。そのため、事後的にLOI・MOUの法的拘束力の有無をめぐって争いが発生することもあります。そこで、法的拘束力の有無を明確化する「ノン・バインディング条項」を忘れずに入れておくことが重要となります[8]。

なぜドキュメントを分けるのか

　以上のように、最終合意に向けたステップを2つに分けるのには、以下のメリットがあります。

　まず、交渉の終盤に基本的な考え方の違いが明らかになり、そこまでのプロセスが無駄になるのを防ぐことができます。目的や主要条件について合意しないまま細かい条件の交渉を進めてしまうと、事後的にお互いに譲歩できない大きな争点が存在することが判明し、そこで交渉が決裂してしまうことも少なくありません。そこで、まずは目的や主要条件に関して合意をして、細かい議論に入る土台を固めることが重要となります。

　また、前述したとおり、大義ある目的についての合意があれば、演繹的

8　例えば「本覚書に規定された条項は法的に当事者を拘束するものではない。」といった条項が考えられます。ただし、秘密保持条項や独占交渉権条項には法的拘束力を持たせるなど、ケースバイケースで内容を調整するので、注意が必要です。

に、詳細の条件についても整理することが可能となります。詳細の条件については、目的や主要条件の実効性を確保するために、双方ともある程度譲歩することが可能なはずなので、最終的な合意に至ることができる可能性が飛躍的に高まります。

ポイント

- LOIやMOUにより、アライアンスの目的や大枠の条件に合意できていることを確認する

7

交渉プロセス④
具体的な条件についての交渉

　いよいよ具体的な条件について交渉する段階に入ります。もちろん、分配的交渉ではなく統合的交渉により両者win-winの条件を見出すことが目標となります。

　アライアンス交渉の特徴は、交渉の争点が数多くあり、また、それらが相互に関連していることに加えて、交渉のテーブルに別の案件を乗せたりすることができる拡張性にあります。ここでは、このような特徴を踏まえて、具体的な条件交渉の際にどういった点に注意すればいいかについてポイントを解説します。より専門的で詳細な交渉術の解説については、本書の執筆に際して参考にさせていただいた『マネージャーのための交渉の認知心理学 戦略的思考の処方箋』（マックス・H・ベイザーマン他著、奥村哲史訳、白桃書房）をご参照ください。

根気強く積極的かつ誠実に質問する

（1）積極的な情報交換が重要

　統合的交渉を実現するためには、一にも二にも、積極的な情報交換がポイントとなります。しかし、情報というものは自然と出てくるものではありません。

　先ほど取り上げた、オレンジをめぐる姉妹の争いでもそうであったように、主張というものは表面的なものであって、それぞれが本当に求めている利益や背後にある利害関係は、最初は明らかではないことがほとんどです。相手の真の利害関係、ひいてはBATNAやRVを推測するには、最初の時点では情報が不足していることが通常です。交渉に着手する際には、

その不完全性を認識しておくことが何より重要です。

　さて、「相手の背後にある利害関係」のような「深い」情報は、積極的な質問をするなどかなりのエネルギーを投入することではじめて引き出せるものです。一方で、単純にたくさん質問するだけでも確実に情報をもたらしてくれるので、根気強く相手に対して積極的に質問を続けることが重要です。

　また、質問は、交渉のプロセス全体を通じて間断なく続けるべきものです。質問を通じた情報収集のフェーズと条件交渉のフェーズとを分断してしまう人もいますが、交渉の場それ自体を質問の場として活かす意識が必要です。そのためにも、「統合的交渉をするために必要であるにもかかわらず、まだ把握できていない相手の情報」を随時整理しながら交渉プロセスを進めるのがよいでしょう。

(2) どのような質問をするか

　質問は、相手の説明を聞いていて自分自身が本能的に「ひっかかる」ポイントを捉えたものであることが何より大事です。ただし、質問の抜け漏れを防ぐために着眼点を列挙すると、①主張・提案・契約条項の、理由・意図・趣旨についての質問、②主張・提案・契約条項の、相対的重要度・優先順位についての質問、③相手が用いる用語の、意味・定義・具体例についての質問、④何かしらの対立点がある場合に、相手として想定している代替案についての質問、という４つが挙げられます。

◎着眼点に応じた質問例◎

質問の着眼点	具体例
①主張・提案・契約条項の、理由・意図・趣旨について	今回の業務提携に伴う対価としてXX円をご提示いただきましたが、どのような算定根拠に基づいた金額でしょうか。
②主張・提案・契約条項の、相対的重要度・優先順位について	今回の業務提携では、役務Xの提供量と対価がトレードオフの関係になるかと思いますが、御社としてはいずれを重視されていますでしょうか。
③相手が用いる用語の、意味・定義・具体例について	御社のいう「粗利」とは、売上高からどのようなコスト項目を差し引いたものを意味していますでしょうか。

④何かしらの対立点がある場合に、相手として想定している代替案について	今回の業務提携に伴う対価としてXX円をご提示いただきましたが、万が一、この金額では調整できない場合、どのような代替案を想定されていますでしょうか。

(3) 回答されなかった内容にも注目する

なお、このとき、回答内容だけでなく、「何が回答されなかったか」「はぐらかされた質問は何か」にもしっかり注目するべきです。回答されなかった項目は、相手としても何かしら不都合や矛盾を感じている可能性や、相手が自社に不利であると感じている可能性があります。そういった点については、根気よく質問してその内容を明らかにしていく姿勢が重要です。

(4) 質問をするときの留意点

ところで、言うまでもないことかもしれませんが、質問に対して誠実に回答してもらうためには（そして、交渉が決着した後にアライアンスを推進していくためには）、大前提として相手との信頼関係が必要です。

したがって、ビジネスマナーとして当然ですが、相手への誠実かつ真摯な態度も忘れてはなりません。「交渉」というと、どうしても駆け引きを強く意識してしまう人もいますが、アライアンスに関する交渉は「協議」であることが理想です。そのため、虚偽の情報を伝えないなどの誠実なコミュニケーション、質問するだけでなく自らも相手の質問に対して誠実に回答するという自己開示、同じ目的に向かって「協議」を進めていることを都度確認するといった協調的態度のアピールなどを意識することも重要です。

もちろん、相手への誠実かつ真摯な態度を忘れなかったとしても、まだ深い信頼関係が醸成されていない場合には、相手が積極的に情報開示してくれず、回答内容が役に立たないということも起きます。こういった場合には、ある程度の情報を先に自社から与えることで、膠着状態が破られることもあります。交渉における行動は「やってもらったことは、同じようにお返しする」というように、互いが相手にならうかたちになることが多いためです。そのため、自社のBATNAやRVをそのまま開示することは

ないとしても、相手から質問される前に自ら、自社の主張・提案・契約条項の理由・意図・趣旨や相対的重要度・優先順位について説明することが考えられます。

入手しやすい情報に引きずられないようにする

（1）情報は客観的・中立的に評価する

相手から引き出すことに成功した情報を、客観的・中立的に評価する姿勢を忘れてはなりません。

これは当たり前のように思えますが、何かしらの情報を取り扱う場合、人間は無意識に特定の事実にばかり着目し、それ以外を無視してしまうケースがあるからです。

ここで言う「特定の事実」とは、①自分自身にとって思い出しやすい情報、馴染みのある情報、身近な情報などの、いわゆる「手に入りやすい情報」と、②自分が同意する情報のことです。

人間は、感覚的に自分にとって手に入りやすい情報に高い信頼性があると評価してしまう傾向があるといわれています。また、人間は自分が同意する情報は額面通りに受け取り、同意しない情報は慎重に吟味する傾向があるといわれています。

そのため、経験が豊富であればあるほど、過去に経験した印象深いケースに似ている情報を重要視してしまう危険性があります。したがって、交渉においては、特定の情報の手に入りやすさや個人的な感想に左右されずに、交渉の局面に応じて、情報の重要性を客観的・中立的に評価することを心がける必要があります。

（2）視覚的な表現方法・説明方法を工夫する

逆に言えば、仮に情報内容が同じであったとしても、退屈な形でしか表現することのできない場合より、視覚的な表現方法（写真や動画の活用）や説明方法を工夫（一方的な説明ではなく、インタラクティブなプレゼンテーション）することにより相手に対して情報を鮮明な印象を残す形で提

示できれば、相手の意思決定に対してより強い影響を与えることができます。

統合的交渉により妥結するための着眼点

　前述したとおり、統合的交渉を実現するためには、利害関係のズレを発見し、ぜひ手に入れたいものと、たいして重要視していないものとを交換するために、密なコミュニケーションを実施し、充実した情報交換をする必要があります。

　では、コミュニケーションや情報を交わすなかで、どういった事実に着目すれば統合的交渉を実現することができるのでしょうか。以下では代表的な着目点を紹介します。

（1）自信度の相違に着眼する

　第1の着眼点は、自信度の相違です。これは、「品質や性能に疑いを持っているためある種の保険・保証が欲しい当事者」と、「品質や性能に自信があるため、保険・保証を提供してもノーリスクであると考えている当事者」との利害関係のズレに着目する方法です。

　例えば、A社が新規開発した技術をB社にライセンスするケースにおいて、B社は同技術が新規開発されたものであり、安定性に疑いを持っているため、ライセンスフィーのディスカウントを要求しているとします。これに対してA社としては、同技術は長年の研究開発を積み重ねてきたものであり、その品質に絶対の自信を持っているとします。ここで分配的交渉を行ってしまうと、ディスカウントの比率のみの調整に終始してしまう可能性があります。そこで、この場合、ディスカウントを行わない代わりに、何かしらの不具合があった場合にはA社が手厚い保証を実施するという条件を付けることで、両者の利害を反映した契約を締結することができるようになります。

（2）リスク選好の違いに着眼する

　第2の着眼点は、リスク選好の違いです。これは、ハイリスク・ハイリターンを求める当事者と、ローリスク・ローリターンを望む当事者との間の利害のズレに着目する方法です。

　リスクに対する姿勢は、企業ごとに異なります。特に、ベンチャー企業と大手企業とでは大きな違いがあることも多いのではないでしょうか。こういった姿勢のズレを「カルチャーが合わない」といってネガティブに捉えるのは非常にもったいないことです。リスクに対する姿勢の違いは、以下の具体例のように、交渉において代替案や妥結点を見出す大きなヒントになることが多いといえます。

【具体例①ソフトウェアのライセンス】

　EC企業向けの販売促進ソフトウェアXを開発・運用するC社が、大手ECサイトを運営するD社に対して、ソフトウェアXをライセンスするとします。このとき、C社は急成長中のベンチャー企業であり、D社との取り組みにおいてもハイリターンを求めている一方で、大手企業であるD社はローリスクを志向する企業であり、ソフトウェアXを導入して効果が上がらなかった場合を懸念して多額の利用料を支払うことを望まないとします。

　両者はリスク・リターンに対する志向が異なり、分配的交渉（122ページ参照）をした場合には利用料の金額調整のみに終始してしまう可能性もあります。しかし、例えば、ソフトウェアXの利用料を、月額固定ではなく成果報酬の形にして、その代わりマージン率を高く設定するという形で妥結することも考えられます。これにより、C社はソフトウェアXを通じて成果が上がった場合のリターンをしっかり確保できる一方、D社は成果が上がらなかった場合に利用料の支払いを抑制することができます。

【具体例②特許技術のライセンス】

　特許技術Yを持つE社が、同技術をF社にライセンスするとします。E社は資金繰りに困っており、まずは安定した売上を確保することを望んで

います。一方で、F社は技術Yを自社プロダクトに組み込むことで大きな競争優位性を確保できると考えており、その収益をしっかりと確保したいと考えています。このときには、E社がF社にライセンスする際のライセンスフィーとして、高めのミニマムギャランティーを設定することが考えられます。その代わり、ミニマムギャランティーを超えた分の収益に対するライセンスフィーに関しては、F社の取り分を高めに設定することができます。これにより、E社は確実なキャッシュを手に入れることができ、F社は将来の大きなリターンを確保することができるようになり、両者の思惑が一致します。

(3) 時間軸の違いに着眼する

　第3の着眼点は、時間軸の違いです。これは、短期での投資回収・成果を求める当事者と、長期的な投資・成果に注目したい当事者との利害関係のズレに着目する方法です。

　例えば、G社とH社との新規の合弁事業を開始し、その収益はG社とH社でレベニューシェア[9]するとします。このとき、両者のレベニューシェアの比率が争点となりえます。レベニューシェアについて分配的交渉をしてしまうと、両者痛み分けの妥結点しか見出せない可能性が高まってしまいます。

　ここで、G社は、向こう3年間の中期経営計画を達成するために、早期の収益獲得を希望しているという情報が明らかになったとします。一方で、H社としては、今回の合弁事業を長期的な視点での事業投資と捉えており、直近の数年間での収益化への強いこだわりはないが、3年から5年後の将来において大きな収益を獲得したいと考えていることが明らかになったとします。

　こういったケースでは、最初の3年はG社70%・H社30%の比率でレベニューシェアして、その後についてはG社40%・H社60%の比率でレベニューシェアするなどの妥結が考えられます。このように、時間軸の違いが

9　レベニューシェア（Revenue Share）とは、協業を通じて生み出した利益を、あらかじめ決めておいた配分率で協業当事者間で分け合うという意味です。

あるときは、初期の収益をそれを切望している側により多く配分し、その後の収益をもう一方がしっかり確保するという調整ができることが少なくありません。

（4）所有の必要性に着眼する

　第4の着眼点は、所有の必要性の違いです。これは、モノ・権利の所有にこだわる当事者と、モノ・権利を利用できればいい当事者との利害のズレに着目する方法です。

　例えば、先ほどのG社とH社との新規の合弁事業では、両者がノウハウや技術者を平等に拠出して、新たにプロダクトZを共同開発するとします。このとき、プロダクトZの権利をどちらが保有するのか、それとも両者で共有するのかが争点となりえます。ここで、G社は技術系の企業であるため、自社が他の事業を通じて獲得したノウハウや知見を投入してプロダクトZを自由にカスタマイズ・アップデートしていきたい一方で、H社は営業系の企業であるため、プロダクトZを自らカスタマイズ・アップデートしたいという要望はなく、アップデートされたプロダクトZも含めて安価に利用できればいいと考えていたとします。

　この場合、プロダクトZを今後も自由にカスタマイズしていきたいG社が所有権を確保し、H社は無償使用権を確保するという妥結が考えられます。

（5）象徴（政治）と実質（経済）に着眼する

　第5の着眼点は、象徴/政治と実質/経済です。これは、象徴/政治を重視する当事者と、実質/経済を重視する当事者との利害関係のズレに着目する方法です。

　例えば、I社とJ社との間で合弁会社を設立するとします。このとき、どちらが経営の主導権を握るのかが争点になりえます。会社の代表権を持つ代表取締役の選任に関して言えば、I社出身者を代表取締役に選任するパターン、J社出身者を代表取締役に選任するパターン、両者から1人ずつ代表取締役を選任して共同代表とするパターンが想定されます。しかし、

　Ｉ社にとっては今回のJVプロジェクトが新規性のある取り組みであり、Ｉ社がこういった取り組みを主導していることをアピールし、将来の成長性に対する市場の期待値を高めたいという思惑がある一方で、Ｊ社としては合弁会社に対する実質的なガバナンスを確保することに関心があるという情報が明らかになったとします。

　この場合、合弁会社の代表取締役はＩ社出身者から選任し、カンファレンスへの出席などの対外的な活動を任せてＩ社のPR/IRに対するニーズを満たす一方で、取締役会の過半数をＪ社出身者により構成することで、Ｊ社のガバナンスに対する要請を満たすことも可能となります。これは、象徴に対する利害と、実質に対する利害のズレに着目した調整です。

◎統合的交渉を実現するための着眼点◎

ベースは、**利害関係のズレ**に基づく、ぜひホシイモノとそんなに必要デハナイモノとの**「交換」**

利害関係のズレ	交換パターン
❶ 疑いと確信	✓品質や性能に疑いを持つ当事者と、品質や性能に確信を持っている当事者との交換
❷ ハイリスクとローリスク	✓ハイリスク・ハイリターンを求める当事者と、ローリスク・ローリターンを望む当事者との交換
❸ 短期と長期	✓短期での投資回収・成果を求める当事者と、長期的な投資・成果に注目したい当事者との交換
❹ 所有と利用	✓モノ・権利の所有にこだわる当事者と、モノ・権利を利用できればいい当事者との交換
❺ 象徴と実質（政治と経済）	✓象徴／政治を重視する当事者と、実質／経済を重視する当事者との交換

統合的交渉を生み出すための着眼点

　実際の交渉においては、143ページの「根気強く積極的にかつ誠実に質問する」で紹介した着眼点をもってしても双方の利害関係のズレを見出せない場合も発生することがあります。そのような場合に、分配的交渉に立

ち返ることなく、統合的交渉ができるように「状況を変える」ことも検討すべきです。例えば、以下のような方法により、統合的交渉を実施できる状況を作り出すことができる場合があります。

（1）交渉テーブルに別の案件を追加する

　１つのアライアンス・事業に関する交渉が行き詰まってしまった場合、別の交渉案件を加えることが考えられます。

　例えば、合弁事業であるプロジェクトＡでのレベニューシェアは譲歩する代わりに、プロジェクトＢでは逆にレベニューシェアを優遇してもらう、といったものが最もシンプルで馴染みのある例です。これにより、プロジェクトＡでは求めていた利益が確保できないかもしれませんが、プロジェクトＢによってそれが補填される関係を作り出すことができます。

　なお、このように別のプロジェクトを交渉テーブルに乗せるためには、新旧のプロジェクトを管掌している立場の人間をそれぞれ巻き込むことが必要となります。前述したとおり、アライアンスの交渉をスタートする際には打診経路を吟味するべきであり、複数の部署を横断的に管掌している上層部の人間から号令を出すことができれば、１つのプロジェクトの交渉テーブルに、他のプロジェクトを乗せるための調整コストも最小限で済みます。

（2）相手のコストを削減する

　特に、収益性が交渉の争点となっている場合、相手のコストを削減できるような手助けをしてあげることで、統合的交渉を実現できることもあります。つまり、相手側のコストの削減によって、こちらの要求分を獲得するという考え方です。

　例えば、デバイスＸを製造するメーカーＡ社が、強力な販売網を持つ営業会社Ｂ社に対して販売委託するケースにおいて、販売に伴うコミッションフィーについて交渉が膠着状態に陥っているとします。その原因が、Ａ社のデバイスＸの製造原価（部品の仕入れコスト）が高止まりしている点にある場合、Ｂ社のネットワークを活かしてより安い価格で部品を提供し

てくれる企業をＡ社に紹介することで、コミッションフィーについての交渉が妥結に至る可能性もあります。

（3）追加資源を獲得する

　上記の「相手のコストを削減する」に似た発想ですが、交渉当事者間に対立をもたらしている資源不足を減らす形で統合的交渉を実現できることもあります。

　大手インターネット企業であるＣ社とベンチャー企業であるＤ社とが提携し、共同での新規プロダクト開発のプロジェクトを立ち上げるとします。このプロジェクトでは、技術力に定評のあるＤ社が主に開発を担当し、Ｃ社は顧客基盤を提供するという役割分担を想定しています。Ｃ社は顧客基盤をいつでも提供できる状態にあり、また、遅くとも６か月後にはプロダクトを完成させ、早急に収益化を推進したいと考えているとします。一方で、Ｄ社はＣ社と提携することで大きく収益基盤を拡大できると考えているものの、自社がこれまで単独で開発・運用してきた既存のプロダクトにもエンジニアを十分にアサインする必要があり、Ｃ社とのプロジェクトにアサインできるエンジニアリソースが限られていることから、少なくとも開発には10か月を要すると見ているとします。ここでは、開発期間、プロダクトの提供開始のタイミングについてＣ社とＤ社との間に対立があります。

　ここで分配的交渉をした場合には、Ｄ社が既存プロダクトに割くべきエンジニアを減らして対応しつつ、Ｃ社も提供開始のタイミングを譲歩して、８か月での開発完了を目指すといった妥結になる可能性があります。

　しかし、もしＣ社が助っ人エンジニアをＤ社に提供してＤ社の資源不足を解消することができれば、目標である６か月後でのプロダクトの提供開始を目指すことができる可能性が高まります。

▌譲歩のペース配分に注意する

　理想的なアライアンスの交渉は、「交渉」ではなく、win-winの関係を見出す「協議」です。本当は獲得しなければならない条件を譲ることでア

ライアンスを成立させることは、模範的な「協議」ではありません。

　しかし、両者が完璧に納得できる条件で着地することは例外中の例外で、現実には、アライアンスを成立させるためには分配的交渉を通じてお互い何かしらの譲歩が必要になります。そのため、113ページで説明したとおり、絶対に譲れない条件と、それ以外の条件を明確に区別しておき、後者に関する条件を使って譲歩をしつつ交渉を前に進めます。

　このとき、最終意思決定者との協議を行う前に「譲歩可能な条件」を使い切ってしまっては、最終局面で「絶対に譲れない条件」の譲歩を余儀なくされてしまう可能性もあります。そのため、前述したように、相手の意思決定プロセスに関して事前にヒアリングをして、誰が実質的な最終意思決定者なのかをしっかり把握することで、こういった過ちを防ぐ必要があります。

ポイント

• 粘り強く誠実に質問して、まだ明らかになっていない相手の「背後にある利害関係」を引き出す

第 **5** 章

アライアンス契約に
共通のポイント

1 アライアンス契約に共通するポイント

　アライアンスの契約書はストラクチャーに応じて多種多様であり、かつ、それぞれ固有の論点が数多く存在し、個々の専門書があるほどです。詳細な法的論点やプロセス上の論点については、本書の執筆に際して参考にさせていただいた、類型別の提携契約のポイントを広く扱う『シチュエーション別　提携契約の実務（第2版）』（淵邊善彦著、商事法務）や『ネットワークアライアンス戦略』（高橋透、淵邊善彦著、日経BP社）をはじめとする専門書を参照していただく前提で、本書では、アライアンスを成功に導くために事業戦略上特に重要なポイントとなる項目や考え方について解説します。

契約上で共通する重要ポイント

　重要ポイントは、アライアンス契約一般に共通するものと、アライアンスのストラクチャーに応じて異なるものとがあり、以下では、まずは共通する重要ポイントについて説明します。アライアンスを成功に導くために、ストラクチャーの種類を問わず共通する契約上のポイントは以下のとおりです。それぞれの内容について、本項から順番に説明していきます。

◎アライアンス契約一般に共通のポイント◎

- アライアンスの目的を明確化する
- 定義・経営資源を明確化する
- 意思決定方法・運営体制を明確化する
- 目標を設定する

- ロックイン効果をコントロールする
- 制約条件を設計する
- 競業禁止を設計する
- 対価・費用を明確にする
- ネガティブケースにおける対処方法を明確にする
- 契約の柔軟性を確保する
- 解消方法を明確にする

共通のポイント　その1
アライアンスの目的を明確化する

　まずは、アライアンスの目的を契約上も明確にすることが重要です。

　本書でも繰り返し強調してきている点ですが、アライアンスはあくまでも手段です。特定の大義ある目的を実現するために必要な経営資源をパートナー間で交換するのが、アライアンスの本来あるべき姿です。「大義」というと少し大げさですので、契約上はアライアンスの「目的」として、パートナー間において何を実現したいのかを明文化して記載しておくべきです。

　契約上にアライアンスの「目的」を記載したとしても、直接的な法的拘束力が認められることは基本的にありません。しかし、**契約的ガバナンス**[1]の根幹であるアライアンス契約書に「目的」を記載することで、①当事者がアライアンスプロジェクトの方向性を見失いにくくなる、②契約文言の解釈が争いになった場合にも「目的」を文言解釈の基準とすることができる、③アライアンス契約に紐づく付随的な契約や覚書きを締結する際

1　アライアンスのガバナンスとは、アライアンスにおいて「裏切り」がないようにパートナーの行動を管理し、パートナー間の利害を調整する仕組み・規律のことであり、契約的ガバナンスとは、契約書などに記載したルールに基づきガバナンスを行う仕組みをいいます。一方で、関係的ガバナンスとは、明示的なルールではなく、頻繁なコミュニケーション、メンバー同士の交流などの取り組みを通して醸成される信頼関係に基づいてパートナーを統治する仕組みをいい、両者は一体となって機能するものです。アライアンスガバナンスについての詳細な説明や具体的な考え方は、『新版 アライアンス戦略論』（安田洋史著、NTT出版）に詳しく紹介されているので、こちらもご参照ください。

の交渉の基準とすることができるなどのメリットがあります。

共通のポイント　その2
定義・経営資源を明確化する

（1）定義・経営資源を明確化することがなぜ重要なのか

　経営資源の範囲に限りませんが、当事者間で認識のズレが生じうる契約上の用語については、明確な定義を設けるべきです。例えば、アライアンスにおいて技術資源が拠出される場合には、その技術資源が、あるプロダクトを作るための知財なのか、あるいはプロダクトそのものなのかといった観点から厳密に整理して契約書に明確に規定しなければなりません。

　これは単純なように思えますが、とりわけ、ソフトウェアやノウハウなどの「形のないもの」を扱うことが多い最近のアライアンス契約においては、アライアンスのプロジェクトを通じて相手に提供する経営資源が具体的に何を指すのかを明確にする必要性が高いといえます。この点について当事者間で認識が一致していなければ、プロジェクトを進めるなかで一方のパートナーが「この経営資源は御社から提供されるはずだった」と考えていても、他方は「いや、この経営資源を提供するつもりではなかった」と考えていたなど、誤解に基づくトラブルが発生してしまいます。

　また、インターネット産業・デジタル産業においては、ソフトウェア等の経営資源が日々アップデートされていきます。そのため、ソフトウェアのライセンスを実施する場合においても、契約を締結した当初のソフトウェアに対するアップデート部分の扱いや、契約を締結した当初のソフトウェアと別のソフトウェアを統合して一体として機能することとなった場合の扱いがあいまいになるケースが少なくありません。アライアンスは継続的な企業間の連携であるため、拠出される経営資源も時とともに進化していきます。アライアンス契約を締結する時点の断面だけで考えるのではなく、経営資源が進化した場合の取扱いも含めて検討しておく必要があります。

（2）経営資源の範囲は、事業・法務・技術が連携して明確化する

　経営資源の範囲を明確化するのは、リーガルチームだけの仕事ではありません。もちろん、リーガルチームは、最終的に契約書の定義条項を作成するプロセスのなかで経営資源等の定義を具体的な文言に落とし込みます。しかし、契約書を作成する以前の、アライアンスの目的や大枠の座組みを検討するプロセスのなかでも、お互いが交換する経営資源の中身を明確にしておくことが重要です。

　特に、インターネット業界におけるアライアンスでは、交換の対象となる経営資源がソフトウェアなどの無形物であることが一般的です。ソフトウェアのプロダクトは、例えばその一部の機能だけ切り出して相手にライセンスしたり、あるいは逆に、既存のプロダクトに対して追加開発をして相手に提供できるなど、当該ソフトウェアを管理している当事者がある程度柔軟にその範囲を画定することができます。

　そのため、事業担当者がリーガル担当同士だけで議論する場合、その範囲の認識にズレが生じる可能性があるので、技術担当・技術責任者も共同して経営資源の範囲を明確にする必要があります。

共通のポイント　その3
意思決定方法・運営体制を明確化する

（1）意思決定方法・運営体制の明確化が重要な理由

　プロジェクトに関連する論点、争点の意思決定方法を明確に定めておく必要があります。アライアンスは、法的には独立した存在である複数の企業が連携する取り組みであり、そのプロジェクトを推進する中において意思決定しなければならない内容には、お互いの利害が相反するものも少なくないためです。

（2）アライアンス契約で決定方法を明確化するパターン

　具体的には、アライアンス契約を締結する時点で、意思決定すべきであると明確に特定できている項目については、契約書にその決定方法について定めておくことが考えられます。なお、仮にパートナーの一方に最終的

な意思決定の権利が認められる場合であっても、その事前のプロセスとして、他方のパートナーとの間で誠実に協議する義務を課すということも有用です。これにより、他方のパートナーに対して説明が求められる結果、意思決定権を持っているパートナーとしても、その意思決定の合理性を説明する必要が生じることに加え、他方のパートナーが意見を述べることで相手の意思決定に対して影響を及ぼしうるためです。

(3) 運営委員会で意思決定するパターン

　また、アライアンス契約を締結する時点では明確ではなく、プロジェクトを進めていくなかで随時意思決定をしていくべき項目については、ステアリング・コミッティー、運営委員会、運営協議会などと呼ばれる、プロジェクト内での意思決定やパートナー・関係部署の利害調整を行う会議体（以下、統一して「運営委員会」と呼びます）を設け、そのなかで意思決定をするとのルールをあらかじめ定めておくことができます[2]。運営委員会の意見が一致せず決議ができない場合の解決方法についても記載しておくことが望ましいでしょう。

　具体的には、各パートナーの責任者同士で協議することや、外部専門家の判断を仰ぐといった方法が考えられます。もちろん、運営委員会の意思決定方法として多数決等を採用し、意思決定できない事態が発生しにくいように設計しておくことも考えられます。

▌共通のポイント　その4
目標を設定する

(1) 目標設定の重要性

　アライアンスの目的は、定性的かつ抽象的なものであることが一般的で

2　契約のなかで関係的ガバナンスを醸成する方法の1つが、組織体制・運営体制・意思決定方法を契約上定めてしまうというものです。関係的ガバナンスは、頻繁なコミュニケーション、アライアンス推進メンバー同士の交流などの取り組みを通して醸成される信頼関係に基づいてパートナーを統治する仕組みであり、明示的なルールに基づく統治ではありません。しかし、コミュニケーションや交流を生み出す体制（つまり、関係的ガバナンスが生まれる土壌）をあらかじめ契約を通じてデザインすることは有用です。

すが、その目的を実現するためのマイルストーンとして定量的な目標を設定することが有用です。

　例えば、ベンチャー企業であるＡ社の技術力を活かして開発されたRPA[3]ソフトウェアを、大手企業であるＢ社の販売網とコンサルティング力を活かして拡販し、同ソフトウェアを業界のスタンダードにして、日本の生産性を向上させるというアライアンスの目的があるとします。

　このとき、目的を達成するためのマイルストーンとして、Ａ社の立場では、RPAソフトウェアのバグやシステムエラーを一定数以下に抑えることや、特定の追加機能を一定の期限内に開発するといった目標を設定することができます。一方で、Ｂ社の立場では、一定の期限内に一定の顧客数への導入を実現することや、同ソフトウェアの解約率を一定以下に抑制することなどを目標として設定することができます。目標の例としては、売上高、成長率、アクティブユーザー数、エラー数、クレーム数、市場シェア、ネット・プロモーター・スコアなどにかかわる具体的な数値目標などがあります。

（2）目標設定のポイント

　以上のように、最終的な目的を実現するために必要なものを体系的に整理し、それを目標として落とし込むことがポイントとなります。このとき、目標はSMARTの法則に従って設定するという考え方があります。SMARTの法則とは、以下の５つの要素を含む目標が、良い結果をもたら

◎SMARTの法則◎

- Specific（目標が明確であること）
- Measurable（目標が定量的であること）
- Assignable（目標達成のために権限の割当がされていること）
- Realistic（目標が実現可能であること）
- Time-related（目標に期限設定があること）

3　Robotic Process Automation（ロボティック・プロセス・オートメーション）の略称。ロボットによる定型的な業務の自動化のことです。

す目標であるとする考え方です。

(3) 目標が達成できなかった場合の対処

　目標が達成できなかった場合に備えて、何かしらのペナルティを設ける
かどうかも検討しなければなりません。まず、目標を一度でも達成できな
かったらペナルティを発動するのか、二回連続で目標を達成できなかった
場合にペナルティを発動するのかという、「ペナルティの発動要件」につ
いての整理が必要です。また、ペナルティの内容については、例えば、導
入社数や売上の目標が未達だった場合に、不足分を金銭的に補填するとい
うペナルティを用意することも考えられます。さらに、目標を達成できな
かった企業が何かしらの独占権を持っていたり、そのパートナー企業が競
業禁止義務を負っている場合には、その独占権・競業禁止が失効するとい
うペナルティも用意できます。

　もっとも、アライアンスは双方のインタラクティブな連携により事業を
推進する性質のものなので、一方の目標未達をトリガーとしてペナルティ
を課すことは本質的ではないケースが多いといえます。一方が負っている
目標の未達の原因は、双方に起因していることが多いためです。

　このようなペナルティがある場合には、発動要件が充足されたかどうか
を判断しなければならないですし、ペナルティがなかったとしても、それ
が達成できなかったことを振り返る必要があるため、目標というものは測
定可能なものでなければなりません。期間経過後にそれを見て、達成でき
たか否かについて、主観を一切挟まず、議論の余地なく判断できなければ
なりません。目標設定においては、SMARTの法則を徹底することが重要
なのです。

(4) 目標は柔軟に見直す

　ところで、目標はあくまでもマイルストーンであり、絶対かつ不動のも
のではありません。最終的な目的を達成することこそが重要であるため、
目標は競争環境の変化に応じてアップデートするべきものです。そのため、
契約においても、半期（あるいは年度）ごとに目標の見直しがありうるこ

とを明記したり、目標そのものについてはアライアンスの契約本体ではなく別途、覚書きの形で半期（あるいは年度）ごとに合意するなどの工夫が求められます。

　目標の見直しのサイクルは、プロジェクトの事業特性、フェーズ、関わる企業の属性を考慮して決定するべきです。プロジェクトが、プロダクトの市場への適合性を見極めるような初期フェーズにあれば、月次でアップデートをかけるのが有効かもしれません。プロダクトが市場にフィットしていると判断したあとのフェーズであったとしても、昨今の変化の激しい競争環境を踏まえて、四半期サイクルで目標のアップデートをすることも検討に値します。

(5) 担当者個人の目標にも注目する

　加えて、特にベンチャー企業が大手企業とアライアンスを組む場合に注意が必要なのが、カウンターパートとなる担当者が社内においてどのような目標を背負っているかを確認することです。

　アライアンスプロジェクトとして目標を設定したとしても、担当者が、それと異なる社内の目標を背負っていることがあります。社内の目標が人事評価等と紐づいていることが多く、その場合には後者の目標が優先されてしまいます。これは、担当者個人の問題ではなく、インセンティブ設計という仕組み上の問題です。社内の目標を変更できるかどうかは企業によりますが、少なくともアライアンスとしての目標と、担当者個人の目標に齟齬が出ないように、すり合わせをしておく必要があります。

共通のポイント　その5
ロックイン効果をコントロールする

(1) ロックイン効果とは何か

　ロックイン効果とは、一般には、現状利用しているサービスやモノを別のサービスやモノに切り替えるにあたって、お金・時間・手間・心理的な負担などのスイッチングコストが高いがゆえに、その切り替えが困難になる効果をいいます。特定の企業のプロダクトやサービスなどに依存してい

る状態を「ベンダーロックイン」と表現したりします。

アライアンスの場合では、現状でアライアンスを組んでいるパートナーから他のパートナーへの切り替えが困難となっている状態が、いわゆるロックインされている状態です。アライアンスにおいて自社がロックインされることは、競争環境の変化に応じてパートナーを選択する自由を確保する観点から避けるべきである一方で、相手をロックインすることは、自社が優位な立場を維持した状態でアライアンス自体を強固なものにすることができるため、競争戦略上は望ましいといえます。

そのため、アライアンスの条件を設計する際には、ロックイン効果を意識し、それをコントロールするように心がけなければなりません。

ロックイン効果をもたらす一般的なメカニズムは、前述のように、お金・時間・手間・心理的な負担などのスイッチングコストが高いことにありますが、アライアンスにおいては、①ホールドアップ、②授かり効果が固有なものといえます。

① ホールドアップへの対応

ホールドアップとは、当該アライアンスに特化された開発・人材育成などの投資を行った結果、当該投資が他の用途では役に立たず、当該アライアンスから身を引くことができなくなることをいいます。ここでの投資対象としては、市場で販売するプロダクトのみならず、アライアンスを推進するための連携体制や開発体制など内部的な仕組みも含まれます。そして、パートナー企業がその状況を利用して、自らに有利な要求をしたり不当な利得を求めたりすることを、ホールドアップ問題と呼ぶことがあります[4]。

例えば、大手SaaSベンダー A社のプロダクト上でのみ機能する特殊なアプリケーションを、技術系ベンチャー企業B社が開発する契約を締結するケースを想定してください。A社のプロダクトが巨大な顧客基盤を抱えており、これと連携できるアプリケーションを提供するだけでもB社に相当な収益が見込めるとします。この場合、短期的な効率性の観点から言え

4　より詳しい解説については、『組織の経済学入門（改訂版）』（菊澤政宗著、有斐閣）をご参照ください。

◎ホールドアップが生まれる状況◎

ば、B社としてはその特殊なアプリケーションの開発に特化したエンジニアを採用し、開発チームを組成するのが理想です。しかし、特殊なアプリケーションの開発に自社の経営資源を一度振り分けてしまうと、B社はA社との交渉力を弱めてしまい、将来足元を見られる危険性が生じてしまいます。

　こういった事態への対処方法・予防方法として、(a)特殊資産への投資を可能な限り避ける、(b)契約上で不当な要求を防止する等の方法があります。

(a) 特殊資産への投資を避ける

　特に、大手企業との契約において注意したいのが、特殊資産への投資を可能な限り避ける、という視点です。ベンチャー企業としては、大手企業と深いリレーションを築いて巨大な顧客基盤を活用するために、大手企業の要望を可能な限り反映した提携を実現したいと考えるケースも多いのではないでしょうか。しかし、このとき、アライアンスを通じて開発した技術の権利を相手パートナーに帰属させてしまうと、自社は単なる受託開発企業になって、事業の拡張性が失われてしまいます。

　また、権利の一部のみが相手パートナーに帰属する場合（いわゆる「共有」状態）も、そのプロダクトは、基本的には自社において当該権利を自由に活用することができない特殊資産となるので、同様に注意が必要です。「ノウハウ」を提供したことを根拠に、権利の一部を自社が保有するべきであると主張されるケースもありますが、開発側としては、その「ノウハウ」が権利の一部を譲るに値するものなのかについては慎重な見極めが必要となります。

加えて、権利が自社に帰属するとしても、先ほどの事例のように、汎用性のないプロダクトを開発する場合にも事業の拡張性が失われてしまいます。もちろん、成功する企業は、顧客の要望を汲み上げ、顧客の要望に応えるように積極的に技術や人材に投資する企業です。しかし、一方で、拡張性のある事業を構築するためには、多様な顧客にとって広く価値がある技術・知識・スキル・ソフトウェアなどの汎用的な資産が蓄積されていくようにしなければなりません。そうしなければ、最終的に特定の顧客に尽くせば尽くすほど、その顧客にとって便利で価値のある存在にはなれても、交渉力を失い、その顧客のどんな要望にも対応する「都合のいい相手」になってしまいます[5]。

　先ほどの事例で言えば、技術系ベンチャー企業B社は、もし将来的な事業拡張を志向するのであれば、短期的な効率性を犠牲にしてでも、他のサービスの上でも機能するアプリケーションを開発できる体制を維持するべきです[6]。

(b) 契約上で不当な要求を防止する

　しかし、ビジネスは理想どおりにいかないことがほとんどです。特殊資産への投資を避けるのが理想的であると認識しつつも、それが避けられないケースも少なくありません。特に、先端技術に強みのある企業としては、最終プロダクトを市場に届けるためには生産資源を持つ企業とのアライアンスが必要になるケースも少なくありません。このときに、ホールドアップ問題に巻き込まれ、交渉力を失ってしまう場合もありえます。これを防止するには、当事者が守るべきルール、それに違反した場合の対処方法や解決方法などを、契約書で具体的に規定しなければなりません。例えば、

5　なお、「都合のいい相手」になってしまうと、M&Aをされる可能性も減ると考えられます。なぜなら、M&Aは経営権を取得して対象企業の経営資源を自由に活用できる状態を作り出すことを狙って実施されることが多く、「いつでも安心して買いたたける」のであれば、わざわざM&Aをして経営権を取得する必要性が低くなってしまうからです。多様な顧客にとって広く価値がある企業の経営権を獲得して、そのアセットのコントロール権を自社にて保有することがM&Aの狙いなのです。

6　現に、日本のエレトロニクス業界をリードしている日本電産等に共通しているのは、下請的・受託者的な立場ではなく、自社開発品を広く世界中の顧客に販売するモデルを採用している点です。

一定の事象が起きた場合において一方のパートナーが当該特殊資産を買い取るなどの条項を設け、コストの回収可能性を担保しておくこともできます。

　ただし、発生しうるあらゆる状況を想定した合意を事前に行うことは不可能であり、すべての事態を想定した完璧な契約書（いわゆる「完備契約書」）を用意することはできません。その意味で、契約書によってコントロールできる行動の範囲には限界がありますし、後述するように、契約書にはある程度柔軟性を残しておく必要があります。

　その他の方法としては、相手企業のレピュテーションリスクを利用して、不当な要求を抑制するというものがあります。例えば、ベンチャー企業が業界団体や、同業他社との横のネットワークを構築しておくと、パートナーとなりうる大手企業としては「事後的に態度を変える会社」という評判が立たないように、企業としての倫理を維持するインセンティブが働きます。

② 授かり効果への対応

　ロックイン効果をもたらす2つ目のメカニズムとして、授かり効果があります。授かり効果とは、自分が実際に物を所有しているときには、それを所有していない場合よりも、その物の価値を高く評価してしまうという現象のことです[7]。

　アライアンスは企業間の長期的な連携を前提としており、アライアンスを通じて利用できていた経営資源には授かり効果が発生します。つまり、アライアンスを通じて利用できるようになった経営資源は、アライアンスを開始する前よりも、その価値が高く評価されるようになります。その結果、アライアンスの成果が当初の想定ほどには発揮できていない場合であっても、当該経営資源の価値を高く評価してしまうため、アライアンスを終了させるという判断をしにくくなり、ロックイン効果が発生します。

　この授かり効果については、積極的に利用するケースもあれば、惑わされないようにしなければならないケースもあります。

7　なぜこのような現象が起きるのかについてはさまざまな研究がありますが、何かを所有することは、そのものと自分との関係の性質を変え、その所有権を手放すことが損失に見えてくるからだといわれています。

授かり効果を積極的に利用するケースとしては、競争環境が変化することでパートナーからアライアンスの見直しを迫られる環境において、アライアンスを維持して長期的なコミットメントを引き出したい場合です。例えば、特定のソフトウェアを相手に提供するアライアンスにおいては、単なるライセンス契約を締結するのではなく、ホワイトレーベルのライセンス契約[8]を締結し、当該ソフトウェアに相手パートナーの社名やブランドを冠して事業展開できるような契約を締結することができます。ライセンスを受けているにすぎないとしても、自社の社名やブランドを冠することで、「自社ブランドでの当該ソフトウェアを授かることになる」ため授かり効果が発揮され、アライアンスを維持するインセンティブが発生する可能性が高まります。

　また、特定の組織的ノウハウを相手に提供するアライアンスにおいては、単なる業務委託契約や請負契約を締結するのではなく、出向契約を締結することが効果的です。出向のスキームを採用した場合には、出向先企業が指揮命令権を手にします[9]。あくまでも出向契約に基づき人材が派遣されているにすぎないのですが、自社が「所有する」従業員が組織的ノウハウを再現していると錯覚するため、授かり効果が発揮され、アライアンスを維持するインセンティブが発生する可能性があります。

　一方で、自社としては、授かり効果に惑わされず、フラットな視点でアライアンスの価値を評価するべきです。その際には、①アライアンスによって手に入れている経営資源の市場価値を客観的に評価すること、②当該経営資源を入手する代替手段を検討すること、③アライアンスを維持・継続することによる機会損失を検討すること、④別のアライアンスを実施した場合のメリットを検討することで、冷静な判断ができる可能性が高まります。

8　ホワイトレーベルライセンスは、ソフトウェアOEMとも呼ばれ、ライセンシーの視点からすると、モジュール化されたソフトウェアの提供を受けて、自社のブランドで当該ソフトウェアの再販を実施するものです。

9　これに対して、業務委託契約や請負契約においては、組織的ノウハウを体得した従業員への指揮命令権は受託企業に残ります。

共通のポイント　その6
制約条件を設計する

　アライアンスにおいては、相互に拠出した経営資源の使い道について、契約において制約を設けることが少なくありません。以下のように、いわゆる「5W1H」の「5W」の要素に着目して、これらを組み合わせることで制約条件を設計すると、抜け漏れを防ぐことができます。

◎制約条件を設計する際の"5つのW"◎

- Why 　：その経営資源を利用する目的が限定されるか
- Who 　：誰がその経営資源を利用できるのか
- When 　：いつから、あるいはいつまでその経営資源を利用できるのか
- Where ：どの地域でその経営資源を利用できるのか
- What 　：どの範囲の経営資源を利用できるか

　まず、「Why」は、拠出された経営資源を利用する目的が限定されるかどうかという観点です。アライアンスでは、基本的には、拠出された経営資源は対象となるプロジェクト・事業の推進を目的として利用するという合意をします。例えば、プロダクトXを開発・生産・販売するために技術Yを利用することを目的としたアライアンスを実施する場合、技術Yがさまざまなプロダクトに応用可能であったとしても、その利用目的は「プロダクトXを開発・生産・販売するため」といった形で定められます。

　「Who」は、経営資源を利用できる主体を制限するかどうかという観点です。例えば、ノウハウなどの技術資源を、生産資源を拠出するパートナーに提供する場合においては、その技術資源をパートナーがサブライセンスするなどして第三者に生産活動を委託することもできます。これが機密性の高い技術資源である場合、その利用態様をしっかりと管理するために、パートナーから第三者へのサブライセンスを制限することが必要になります。また、パートナーに対するライセンスと同時に、そのパートナーと資

本関係にある企業に対しても経営資源の利用を認める場合があります。この場合、どの範囲の資本関係のある企業を対象にするかについて制約を定めることになります。機密性が高い技術であれば、例えば経営支配権を保有しているという観点から、2分の1を超える株式を保有している企業に対してのみ利用を認めるというケースも少なくありません。

　「When」は、経営資源を利用できる期間を制限するかという観点です。基本的には、アライアンス契約の有効期間が経営資源を利用できる期間を画することになります。アライアンス契約の有効期間は、対象としているビジネスの変化のスピードも見越して設計する必要があります。例えば、インフラ産業であれば、拠出される経営資源が数年で陳腐化することは考えにくいので、当該経営資源を長期間にわたって確保するためにアライアンス契約の最初の期間も5年〜10年といった長い期間とすることが望まれます。一方で、例えば、インターネット業界やデジタル業界は日進月歩で技術やビジネスモデルのアップデートが進んでおり、経営資源の陳腐化も速いので、アライアンス契約の最初の期間も3年前後の短い期間とすることが望まれます。契約期間中に経営資源が陳腐化しては、アライアンス自体が形骸化してしまう可能性もあるからです。なお、後述するように、契約自体に一定の柔軟性を残しておくことでそういったリスクを抑制することもできますが、契約期間の設計についても慎重に検討しなければなりません。

　「Where」は、その経営資源を利用できる地域を制限するかという観点です。すでに述べたとおり、販売資源には地域特殊性があります。そのため、例えば、ソフトウェア等の技術資源を持つ企業が、他社の販売資源を活用する場合には、それぞれの地域で最も強力な販売チャネルを持つパートナーを選ぶのが合理的であり、かつ、パートナー間での競合が起きないようにするのが効率的です。したがって、例えばソフトウェアのサブライセンスによる販売を認めるケースであれば、X社はA地域についてのみ、Y社はB地域についてのみ、そしてC地域については自社で直接ソフトウェアの販売を行う、といった整理をすることがあります。また、「A地域、B地域を除く全世界で」のようにブラックリスト形式で利用が認められな

い地域を指定する場合もあれば、「Ａ地域で開発し、Ｂ地域で販売」のように経営資源の使用目的に応じた地域を指定する場合もあります。

　「What」は、拠出されうる経営資源のうち、どの範囲・どの部分についての利用を認めるかという観点です。これは、基本的には、「定義・経営資源を明確化する」にて説明したポイントに従って、アライアンス契約において拠出を合意した経営資源の定義によって定めることになります。

共通のポイント　その7
競業禁止を設計する

（1）競業禁止条項の必要性

　前述したとおり、自動車業界、航空業界、広告業界、通信業界、テレビ業界などの寡占市場においては、特定の企業とアライアンスを組むことで「色がつく」という現象がありますが、契約上の義務として、明確に競業禁止を求められることもまだ少なくありません。これは、特にベンチャー企業が大手企業とアライアンスを組む場合に注意したい条項です。

　ところで「競業禁止」という言葉からは、企業行動の自由を制約するというネガティブな印象を受ける人も少なくないかと思います。

　しかし、競業禁止は、アライアンスを加速させるために重要なツールでもあります。アライアンスによる経営資源の交換を通じて、パートナーがそれぞれ単独では立ち上げられなかった事業を推進することができます。この場合において、アライアンスと同じ事業をパートナーが単独、あるいは他社と実施することを許容すると、アライアンスに集中的に投入するべき経営資源が分散して、その成功確率が下がってしまいます。加えて、アライアンスを通じて獲得されるノウハウが流出する危険性も生まれてしまいます。その結果、他方のパートナーがアライアンスに経営資源を投入することを躊躇してしまい、アライアンスの成功確率がさらに下がるという悪循環が生まれかねません。このように、アライアンスを実施する場合に競業禁止の合意をすることには一定の合理性があります。

（2）競業禁止の範囲を広げすぎないように注意する

　注意しなければならないのは、交渉相手が「競業禁止の範囲はとにかく広めにとっておけば安心」という発想の持ち主で、競業禁止の義務が自社に対してのみ課される場合や、その競業禁止の範囲が過度に広範となる場合です。

　特に、出資を伴うアライアンスを行う場合、出資を受ける側のみが特定の事業を禁止されることや、出資者の競合企業とのアライアンスを禁止されることがあります。前述したホールドアップと似た構造ですが、一方的に競業禁止の義務を負うことで、事業自体が「特殊資産化」し、収益確保をアライアンスパートナーに依存することになります。その結果、事業・収益の拡張性が失われてしまう可能性があります。事業自体が事実上「特殊資産化」したとしても、そのアライアンスが自社のミッションや事業計画を達成することに寄与すると判断できるのであれば、競業禁止の制約を受け入れても問題ありませんが、それ以外の場合に妥協して条件を受け入れることは非常に危険です。

　競業禁止の範囲が過度に広範となる場合にも注意が必要です。競業禁止の範囲が過度に広範となるパターンとしては、①相手の事業領域の広さに起因するものと、②自社の事業領域の広さに起因するものがあります。

　①のパターンとしては、例えば、メディア、コミュニケーション、決済などの多様な事業を展開するインターネットコングロマリット企業であるＡ社と、ベンチャー企業のＢ社がアライアンスを実施する場合において、「Ｂ社はアライアンスプロジェクトを含むＡ社の事業と競合する事業を行ってはならない。またＢ社は、Ａ社の事業と競合する事業を行う事業者と提携してはならない。」といった合意をする場合がありえます。もちろんこれは極端な例ですが、いわゆる「ひな形」として初期的に広範な制限を課す文言が入っているケースもあり、大いに交渉の余地がある条項ですので（そして、それは文言を提示している当事者も自覚しているケースが多いので）、しっかりと交渉して競業禁止の範囲を限定することが必要です。このとき、現時点で行っている事業のみならず、自社として将来的に進出しうる事業、将来的に組みうる事業者とのアライアンスが制限されないか

どうかを確認しなければなりません。

　②のパターンとしては、例えば、汎用的なAI（人工知能）をさまざまな自社事業に応用するベンチャー企業のA社が、アライアンスを実施して、製造工場における故障品検知サービスを提供するB社に当該AIをライセンスする場合において、「A社は当該AIを、異常検知サービスを提供する事業者にライセンスしてはならない」といった合意をするケースです。「異常検知サービス」の定義にもよりますが、これは広く他の事業者に展開できる汎用的なAIの可能性を制限してしまう文言だといえます。

（3）競業禁止の範囲を制限するための交渉

　このように、ある事業のためにアライアンスを行ったところ、そこで合意した制約条件が、他の事業の推進の障害となることもあるのです。アライアンスに含まれる競業禁止の合意が、社内の他の事業、あるいは将来立ち上げうる事業にどのような影響を及ぼすかについても注意を払い、必要に応じて競業禁止の範囲を制限しなければなりません。

　その際には、**自社のミッションや事業のコンセプトから逆算する形で、しっかりと理由を添えて交渉すること、そして、相手が当該競業禁止の文言を要求する根拠を確認することが重要です**。理由あるいは、背後にある利害関係を添えることで、統合的交渉が実現し、単純な競業禁止の合意以外の別のオプションが見つかる場合もあります。

　例えば、次のような事例を想定してください。

　ベンチャー企業であるA社は、メディアへの来訪者のデータ分析やA/Bテストを通じてメディアの運営効率を高める「自社メディア最適化」のSaaSソフトウェアXを運営・提供しています。その強みは、ソフトウェアXを導入している全企業から日々収集できるビッグデータを処理することで、独自の最適化アルゴリズムを強化し続けることができる点にあります。A社は、圧倒的アクセス数を誇る複数のインターネットメディアを運営するB社に対して、ソフトウェアXをライセンスしたいと考えています。ここでのA社の主な狙いは、B社の強力なメディアへの導入を実現し、安定的な収益基盤を確保することにあります。B社は、ソフトウェアXの導

入には非常に前向きであるものの、A社に対して、B社が展開する事業領域において自社メディア最適化ソフトウェア事業の競業禁止義務を求めてきたとします。B社が展開する事業領域はあまりに広汎であり、この領域での競業禁止はA社としては受け入れがたいとします。

　こういった場合には、まず、B社が自社メディア最適化ソフトウェア事業の競業禁止義務を求める意図・狙い・利害を確認する必要があります。もちろん、回答してくれるかどうか、そして回答の内容もケースバイケースですが、もし、B社が「圧倒的アクセス数を誇るB社のメディアのビッグデータや分析結果が流用され、他社の類似メディアの最適化に活用されるのが心配だから、競業禁止義務が必要である」と回答した場合、B社のメディアに由来するデータは別管理とし、ソフトウェアXのアルゴリズムの強化には使わないと約束する形で妥結できる可能性もあります。もちろん、このような手当をすることによりアルゴリズムの強化の機会を失うデメリットと、B社から得られる安定収益とのバランスを検討する必要があります。

　また、もしB社が「ソフトウェアXを非常に高く評価しており、B社が運営するメディアと競合するメディアに導入されることを排除したいと考えている」と回答した場合、B社と競合するメディアを運営する他社に対してソフトウェアXを提供しない代わりに、ブラックリスト化された当該競合メディアにソフトウェアXを提供した場合の想定利益をある程度カバーできるだけのミニマムギャランティーを、B社に負担してもらうという形で妥結できる可能性もあります。

　このように、競業禁止を求める背景もさまざまです。その背景を把握・理解することで、合理的な範囲にて競業禁止について合意し、アライアンスに迷いなく経営資源を投入することが可能となります。

(4) 競業禁止を設計する際の要素

　なお、競業禁止は、以下の要素に着目して交渉・設計するのが一般的です。競業禁止は、「誰と付き合うか」という点に関する一種の制約条件なので、前述した制約条件と同様、いわゆる「5W1H」の「5W」の要素に

着目します。

◎競業禁止を設計する際の要素◎

競業禁止対象となる事業	・事業の定義は明確か ・いつの時点で実施している事業を含めるか ・企画段階の事業を含めるか
競業禁止の主体	・自ら当該事業を行わないことが禁止されるのか ・子会社や関連会社を通じて行わないことも禁止されるのか
競業禁止の地域	・国内における競業を禁止するのか ・海外においても競業を禁止するのか
競業禁止の態様	・当該事業を行っている会社に対する出資も禁止されるのか ・当該事業を行っている会社に対するアドバイス・コンサルティングも禁止されるのか
競業禁止の期間	・いつの時点から競業禁止義務が発生するのか ・契約終了後はどの程度の期間、競業禁止義務が残るのか

共通のポイント　その8
対価・費用を明確にする

（1）事業拡大により対価・費用が不明確になる場合に備える

　アライアンスに限らず、何かしらの取引を実施する場合に対価や費用を明確にするのは、言われるまでもないことのように思えるかもしれません。しかし、一回きりの取引ではなく、継続的かつ発展的な関係を前提とするアライアンスにおいては、事業が拡大するなかで対価や費用が不明確になる場合や、当初は想定していなかった事態が起きた場合にどのように対価や費用を調整するかまで整理できていない場合があります。

　例えば、ベンチャー企業であるA社が開発・運営するソフトウェアXを、販路を持つB社に対してホワイトレーベルにてライセンス[10]して、B社は当該ソフトウェアを、ソフトウェアYとしてエンドユーザーに提供し、B社が得た利益に応じてA社に対してライセンス料を支払うというケースがあるとします。このとき、A社がアライアンス開始当初においては想定し

10　モジュール化されたソフトウェアのライセンス提供を受けて、自社のブランド（ホワイトレーベル）で当該ソフトウェアの再販を実施するもの。

ていなかった新機能をソフトウェアＸに追加開発したとします。

　ここではまず、契約に立ち返り、この新機能がホワイトレーベルライセンスの対象に含まれるかどうかという点の検討が必要です。仮に、新機能も含めてライセンスの対象であるといえる場合であって、Ｂ社がエンドユーザーに新機能分の価格を上乗せして提供したときには、上乗せ分のライセンス料がＡ社にも支払われるので問題は生じにくいといえます。一方、Ｂ社が新機能を差別化要素としてのみ打ち出し、価格は据え置きのまま提供したいと考えた場合、Ａ社に支払うべき対価をどう考えるべきか、改めて検討・協議が必要になる可能性があります。

　このように、インターネット産業・デジタル産業においては、アライアンスの対象となる経営資源が日進月歩で進化・アップデートされていくという特性があるため、当初想定していなかった事態が起きることは少なくありません。もちろん、事前に把握できる範囲については、対価や費用について合意をしておくべきですが、変化の激しい業界においてはすべてを予測することは事実上不可能です。そこで、後述するように、契約にはある程度の柔軟性を持たせておき、関係的ガバナンス[11]による統治方法も確保しておくことが重要となります。

（2）事業が継続的に拡大できる対価設定をする

　また、これもアライアンスに限った話ではありませんが、対価・費用は、事業規模が持続的に拡大するようなインセンティブがアライアンス当事者に付与される形で設定されるのが望ましいといえます。

　例えば、ソフトウェアのライセンス料につき、取引規模が拡大すればするほどライセンス料率が低下していくような設計が考えられます。また、ライセンス料を固定額とすることも、取引規模が拡大すればするほどライセンシーの取り分が増えるインセンティブ設計となります。ただし、後者のパターンについては、取引規模の拡大によってライセンス料は増えないので、ライセンサーとしてはその他にどのようなメリットを享受できるか

11　関係的ガバナンスについては、157ページの脚注をご参照ください。

についての検討が必要となります。

▍共通のポイント　その9
ネガティブケースにおける対処方法を明確にする

（1）契約書は「悪い事態」のための備え

　契約では、ネガティブケースにおける対処方法を規定しておく必要があります。そもそも、アライアンスのプロジェクトが順調な間は、契約書を確認しなければいけないことは基本的にありません。状況がポジティブであれば、アライアンスパートナー間で成果や利益を分け合える状態にあるため、関係的ガバナンスを中心とした柔軟なプロジェクト運用が許容されます。契約書が真価を発揮するのは、事業の計画上は避けるはずだった悪い事態に直面した場合に、どのように対処すべきかを確認しなければならない場面においてです。

（2）損害が発生したとき

　例えば、アライアンスを通じて提供しているプロダクトに基づいてエンドユーザーが損害を被った場合に、誰がどのような責任を負うのかといった点について事前に取り決めをしておくことが望まれます。もちろん、損害が発生した原因を明確に特定できるのであれば、その原因をもたらした当事者が損害を補填することになりますが、原因を特定するのに時間がかかる、あるいは、原因が特定しきれないというケースも少なくありません。この場合に、「犯人探し」に時間と労力を使うのではなく、あらかじめ決めたルールに従って責任を分担するという約束をしておくことも考えられます。その際には、実際に発生しうるトラブルや欠陥に基づき、どのような損害が発生しうるのかを想像しながら、責任分担のルールを決めます。

（3）成果が出ないとき

　アライアンスを通じて成果が得られない場合についても考えておかなければなりません。アライアンスの成果、例えば収益が生み出されるかどうかは、経営資源を活用する企業の経営手腕に加え、市場環境といった外部

的な要因も含めた複合的な要素に依存します。成果が得られない場合、その原因がどの経営資源に由来するのか、市場の変化による不可抗力だったのか、あるいは企業の能力に問題があったのかを明らかにすることができない場合もあるため、アライアンスの成果が出ない場合の対処方法をあらかじめ策定しておくことが欠かせません。これが不明確だと、責任の押し付け合いや水掛け論が発生してしまう可能性があります。

　成果が出ない場合の対処方法として、アライアンスを終了させるという選択肢もあります。例えば、定量的な基準として単月あるいは四半期においての最低利益額を設定し、その基準値を連続して下回った場合にはアライアンスを解消するという「終結権」を当事者に付与しておくこともあります。このように事前に取り決めをしておくことで、両者ともアライアンスを続けたいのであれば、この基準を達成することに対するインセンティブも働きます。逆に、このような取り決めがないと、成果が出る見込みがないのにお互いの労力が消費され続けることにもなりかねません。

▎共通のポイント　その10
▎契約の柔軟性を確保する

（1）アライアンス契約書には一定の柔軟性が必要

　契約内容の検討に着手すると、アライアンスにおいて起こりうるすべてのケースをカバーできるように詳細な契約条項を設計したくなることもあります。

　もちろん、緻密な契約書は、揉め事の原因となる曖昧さを排除し、パートナーの勝手な行動や判断が抑制されます。これにより、パートナー間の信頼も向上し、アライアンス自体が良好な成果につながるといわれています。一方、契約書の条件があまりに細かいと、アライアンス運営の柔軟性が損なわれ、パートナー間の利害対立が生まれてしまうとの指摘もあります。そもそも、細かい条項まで定めた契約書を作成しようとすると、交渉段階でパートナー間の対立が助長され、交渉が決裂してしまう可能性すらあります。

　では、アライアンス契約の緻密さとしては、どの程度が適切なのでしょ

うか。

（2）アライアンス契約の柔軟性を決めるときの考慮要素

　まず、アライアンスが対象とするプロジェクト・事業の競争環境を考慮する必要があります。インターネット産業・デジタル産業など変化の激しい産業においては、アライアンスを進める間に、競争環境等が変化し、契約書に定めた条件が実状に沿わなくなることも少なくありません。詳細な条件を契約書で取り決めていると、かえって状況変化への柔軟性を失う可能性があるのです。

　そのため、**変化の激しい産業においては、契約書の内容はある程度柔軟性を確保しておくことが重要**です。例えば、契約内容の見直しを可能とする条項や、契約のイニシャル期間の満了時に改めて契約条件を見直すことができるという条項を入れておくことができます。そのうえで、誠意をもって協議できる関係性を構築しておくこと、すなわち関係的ガバナンス[12]を徹底することが大切です。

　これとは反対に、競争環境が大きく変化せず、ある程度の将来まで見通せる産業・業界においては、アライアンスの契約書に詳細な取り決めを行うことがスムーズなアライアンス推進を可能にします。こういった状況においては、アライアンスの推進方法、役割分担、生じうるトラブルについてもある程度見通しが立つため、体系化されたルールに従って推進することが効率的だからです。

　また、アライアンスが対象とするプロジェクト・事業のフェーズも考慮する必要があります。R＆Dや実証実験（PoC）を実施するような「初期フェーズ」では、プロダクトの最終形がどうなるのか、どのような権利関係が発生するか、どのようなトラブルが起きうるかという点についての予測が困難です。そのため、初期フェーズにおいて契約書を詳細に規定することは現実的に難しく、仮に条件を詳細に規定したとしても実態とかけ離れてしまう可能性が高いといえます。したがって、**初期フェーズにおいて**

12　関係的ガバナンスについては、157ページの脚注をご参照ください。

は、契約書の内容は柔軟性を確保しておき、また、契約内容の見直しを可能とする条項を残したうえで、関係的ガバナンスを中心にアライアンスを推進することが適切です。

その後、アライアンスにおいて成長させるべきプロダクトや取り組みの概要が定まった「開発フェーズ」に入ると、契約的ガバナンスと関係的ガバナンスが相互補完的に機能します。すなわち、開発フェーズにおいては、アライアンスの推進方法や生じうるトラブルについてもある程度見通しが立つため、契約的ガバナンスが一定程度有用である一方で、実際にマーケットインした場合に何が起きるかわからないという不確実性もあり、コミュニケーションを土台とした柔軟な対応を志向する関係的ガバナンスも必要となるのです。

そして、アライアンスの対象となるプロダクトや取り組みの内容も固まり、これを成長させていくフェーズ（「成長フェーズ」）では、契約的ガバナンスに基づいたアライアンスの推進が望ましく、アライアンス契約においても詳細に条件の取り決めを行うべきです。この段階では、アライアンスの推進方法、役割分担、生じうるトラブルについても相当程度見通しが立つため、体系化されたルールに従ってプロジェクトを推進することがアライアンスの成功につながるからです。

このように、契約書については、競争環境や事業フェーズの観点から最適な詳細さのレベルが存在します。また、1つのアライアンスにおいても、そのフェーズが進展するに伴って、ガバナンスのあり方は関係的なものから契約的なものへと軸足が移っていきます。加えて、アライアンスが長期

◎アライアンスガバナンスの使い分け◎

	変化の激しい市場 ➡	安定した市場
初期フェーズ	関係的ガバナンス×契約的ガバナンス	関係的ガバナンス中心
開発フェーズ	契約的ガバナンス中心	関係的ガバナンス×契約的ガバナンス
成長フェーズ	契約的ガバナンス中心	関係的ガバナンス×契約的ガバナンス

にわたる場合には、変化の激しかった新興市場が安定した市場に移行していくため、ガバナンスもこれに適合させる必要が生じることもあります。

（3）アライアンス契約の見直し

なお、競争環境や事業フェーズに照らして不適切に詳細な契約を締結してしまった場合、既存の契約書の条件に固執することは望ましくありません。

法律の世界では、理屈上は、もし損害賠償を行うことができるならば、契約は破ってもよいと判断することもあります。契約を絶対的なものとして守らせると、場合によっては非効率な資源配分が発生する可能性があり、損害賠償金は、こういった事態におけるある種の「手切れ金」としても機能することもあるのです。

もちろん、ここでは「契約書の詳細さが気にいらないから、契約内容を守らない」と主張することを推奨しているわけではありません。非効率な資源配分を導いてしまうような契約書であれば、その旨をパートナーに伝えたうえで、契約書の見直し・再締結を試みるべきです。契約を適切な内容に見直そうとするパートナーのフラットな姿勢や柔軟性が、アライアンスを成功に導くためのポイントとなります。

共通のポイント　その11
解消方法を明確にする

アライアンスは継続的な企業間の連携ですが、決して永久不滅のものではなく、どこかで終了を迎えます。終了のパターンとしては、①合意解約、②期間満了、③契約解除、④終結権行使の4つがあります。

アライアンスの解消方法については、第7章において説明します。

第 6 章

契約類型ごとのポイント

業務提携契約の設計ポイント

　業務提携は、契約的結合のみに基づく、アライアンスのうち最もシンプルなストラクチャーです。現代のソフトウェア産業・デジタル産業のように、競争環境の変化が速かったり、大きかったりするため、将来が見通しにくい場合などにおいては、事後的にアライアンス関係を見直しやすい業務提携は使い勝手がよいといえます。

　業務提携の内容は、当事者のニーズに応じて自由に設計できるため、理論上、その内容パターンは無限に存在します。しかし、実務的には、業務提携契約は交換の対象となる経営資源あるいはその組み合わせに応じていくつかの類型に区分され、次ページの表のように整理することができます。

　なお、財務資源を交換資源とする場合は基本的には、資本的結合も伴う資本提携として整理されます。

　本書においては、アライアンス契約の各種条項のなかでも、事業戦略上特に留意すべきと考えられる項目について解説します。

◎業務提携契約の類型◎

	人材・組織資源	技術・知財資源	生産資源	販売資源	ブランド資源	財務資源
ライセンス契約	△*1	○		△*2	△*3	資本提携として出資を伴う場合には○
共同研究・開発契約	○	○	△			
販売提携契約	△*4			○	○	
生産提携契約	○	△	○	△	△	

(注) ○：獲得される経営資源に含まれる
　　　△：場合によっては、獲得される経営資源に含まれる
＊1　ライセンスに伴うノウハウ等も含めて交換することを目的とした場合。
＊2　ホワイトレーベルライセンス（モジュール化されたソフトウェアのライセンス提供を受けて、自社のブランドで当該ソフトウェアの再販を実施するもの）の場合。
＊3　ホワイトレーベルライセンスの場合。
＊4　販売ノウハウ等も含めて交換することを目的とした場合。

2 ライセンス契約の設計ポイント

ライセンス契約とは

　ライセンス契約とは、業務提携契約の一種で、パートナーの有する技術資源を活用するアライアンスを規定する契約です。「ライセンス」とは「許諾」を意味する言葉であり、パートナーの一方が保有する権利を、他方のパートナーが利用することを「許諾」するのがライセンス契約です。

　許諾する権利は基本的には知的財産権であり、その内容は特許やノウハウなどが中心でありつつも、最近ではソフトウェアやキャラクター、コンテンツなど著作権のライセンスも増えています。例えば、有名マンガのキャラクターの著作権ライセンスを受けて、そのキャラクターが登場するスマートフォンゲームを開発・リリース・運営するといったライセンス契約も少なくありません。

　ライセンス契約を検討する場合の基本的な視点としては、ライセンス契約がパートナーの有する技術資源を活用するアライアンスであることに鑑み、以下の2点があります。

◎ライセンス契約を検討するときの「視点」◎

(a) アライアンスの目的を達成するために、どうすれば技術資源を有効に活用できるか

(b) 技術資源を有効活用しつつも、それをどのように保護するか

ライセンス契約の目的を特定する

　まず、前述した「アライアンスの目的を明確化する」という観点から、ライセンスを実施する目的を契約上明確に記載するのが望ましいです。ライセンス契約の目的は、技術資源を有効活用する方向性を定めるものであるとともに（視点(a)）、後述するライセンスの実施権の範囲を画定するものなので、技術資源を保護するための基準としても重要です（視点(b)）。

　ライセンスされた技術資源を用いて作り出すプロダクトが特定されているのであれば、そのプロダクトを作り出すことを目的としてアライアンスを実施する旨を契約書に明記します。

ライセンスの対象となる権利を特定する

　また、「定義・経営資源を明確化する」という観点から、ライセンスの対象となる権利を明確に特定する必要があります。ここでは、可能な限り当該経営資源を具体的に契約文言に落とし込みます。ライセンスの対象となる権利を明確にすることで、逆に「使ってはいけない」技術資源の範囲も明らかになるので、技術資源を保護することができます（視点(b)）。

(1) 特許やソフトウェアの特定

　ライセンスの対象となる権利が特許を取得しているのであれば、特許の登録番号等によりライセンス対象を特定することができます。

　他方で、特許を取得していないソフトウェアについては、その特定は難しくなります。ソフトウェアについては、図表を含む仕様書を通じて具体化することや、ソースコードによって特定すること、ソースコードが保管されているクラウドサーバーのアカウントを通じて特定することも可能です。

　注意すべきは、前述したとおり、インターネット業界やデジタル業界においては、ソフトウェア等の経営資源が日々アップデートされていくとい

う点です。アライアンス契約を締結した当初のソフトウェアに加えたアップデート部分がライセンス対象に含まれるか否か、アライアンス契約を締結した当初のソフトウェアと別のソフトウェアを統合して一体として機能することとなった場合、もともと別であったソフトウェア部分がライセンス対象に含まれるか否かについても明確にしておく必要があります。単に、プロダクト名やソフトウェア名によりライセンス対象を特定しようとすると、こういった点が非常に不明確になってしまいます。

(2) ノウハウの特定

　いわゆるノウハウをライセンス対象とする場合も、特定は簡単ではありません。ノウハウとは、文書化されているか否かを問わない具体的な技術的知見のことであり、その内容が客観的には定まらないからです。文書化されているノウハウについては、一般的にはライセンシーに対して開示する文書を特定したうえで、当該資料に記載された情報をライセンス対象とします。しかし、企業には文書化されていないノウハウが多く、むしろそのような模倣が困難なノウハウにこそ競争力があります。

　文書化されていないノウハウについては、どのようにそれをライセンサーに提供させるかという観点と、ライセンスを受けた権利としてどのように管理するかという2つの論点が生じます。ライセンシーの立場としては、文書化されていないノウハウは人的交流を通じて提供を受け、吸収する運営体制・環境を整えつつ、文書化されたノウハウのみをライセンス対象として管理するという対処が考えられます。

▌実施権の内容を定める

(1) 独占か非独占か

　次に、「制約条件を設計する」という観点から、ライセンスにおいて許諾されている権利の利用方法（実施権）の内容を定める必要があります。

　実施権の内容を定めることには、技術資源を利用してもよい範囲を明確にすることで安心して事業を推進できるようにする効果（視点(a)）に加え

て、技術資源の侵害となるような実施方法を制限することで技術資源を保護するという効果（視点(b)）があります。

　技術資源のライセンスにおいては、実施許諾がパートナーのみに認められる独占的なものとなるのか、他のパートナーに対しても同一の技術資源の実施を許諾する非独占的なものなのかを定めます。ライセンサーとしては、アライアンスのパートナー以外にもライセンシー候補が見つかれば、新たに実施許諾をすることにより収益源が増えるので、独占的ではなく非独占的実施許諾としたいと考えるのが一般的です。一方で、ライセンシーとしては、競合他社に同じ技術資源の実施が許諾されてしまうと、アライアンスを通じて獲得できる技術資源を他社も獲得することになり、競争力が減殺されてしまうため、独占的なライセンスを希望するのが一般的です。

(2) サブライセンスを認めるか

　また、実施許諾を受けたパートナーが、別の第三者に**再実施許諾**（サブライセンス）できるかどうかという点についても定めておく必要があります。ライセンサーとしては、自社が直接コントロールできない第三者に技術資源が渡ってしまい、それが悪用されることは防止したいため、サブライセンスは認めたくないのが一般的です（視点(b)）。

　一方で、サブライセンスすることで技術資源を活かしたプロダクトの開発およびそれに伴う収益化が拡大する可能性もあります。これは、ライセンシーはもちろん、技術資源が有効活用され、それに伴うライセンスフィーが増加するという点においてライセンサーにとってもメリットのあることです（視点(a)）。そのため、ライセンサーが、管理体制が整備されており技術資源の流出や悪用のおそれがないと認め、別途書面で指定した第三者や、子会社に対するサブライセンスについては認め、それ以外の第三者に対するサブライセンスは認めないという形で妥結することが考えられます。

(3) 実施許諾地域

　実施許諾を受けたパートナーが、どの地域において技術資源を実施できるかという点についても整理が必要です。ライセンサーとしては、自社単

独で事業展開をしたい地域や他のパートナーと組んで事業展開をしたい地域をあらかじめ整理したうえで、パートナーに対してどの地域における実施を許諾するのかを決めなければなりません。

　なお、ソフトウェア業界における特殊な実施権として、ホワイトレーベルライセンス（ソフトウェアOEM）があります。ソフトウェア業界においては、ベンダーとしてすでに所有しているソフトウェアを、ライセンシーに対してライセンスする際に、ライセンシーが自社のブランドや商標を冠して（ホワイトレーベル）当該ソフトウェアをエンドユーザーに提供してよいという合意をすることを指して「OEM」と呼んでいるケースが少なくありません。実際にソフトウェアの譲渡が行われるわけではなく、また、委託者の依頼に基づいてゼロベースで開発が行われるわけではないという点が、通常のOEMとは異なります。ビジネス担当者が「OEM」という言葉を用いている場合に、通常のOEMを指しているのか、ホワイトレーベルライセンスを指しているのかについて注意が必要です。

ライセンスフィー（ロイヤリティ）を定める

　「対価・費用を明確にする」という観点から、ライセンスフィー（ロイヤリティ）を定める必要があります。ライセンスフィー（ロイヤリティ）は、技術資源を有効活用するためのインセンティブそのものであり、丁寧な設計が求められます（視点(a)）。

(1) ライセンスフィーの定め方の種類

　ライセンスフィー（ロイヤリティ）の基本的な定め方としては、①固定額ロイヤリティ、②ランニングロイヤリティ、③固定額とランニングロイヤリティの併用の3つのパターンがあります。

① 固定額ロイヤリティ

　固定額ロイヤリティとは、ライセンスの対価としてのロイヤリティの金額が、契約時に固定額として確定されるものです。継続的に一定の固定額

のライセンスフィーの授受をする場合と、ライセンス開始時に一括払いで
ライセンスフィーを授受する場合とがあります。

　固定額ロイヤリティは、契約時点でライセンスに伴う当事者間の対価を
確定させ、技術資源を実施によって結果的にどれだけの収益が得られたか
（あるいは得られなかったか）に影響されないという点において、ライセ
ンサーからするとリスク・リターンが最小限に抑えられるものです。逆に、
ライセンシーからすると、まったく収益が得られなくても、一定額のロイ
ヤリティを払わないといけないという意味ではハイリスクですが、その代
わり、莫大な収益が得られた場合にはその収益を分配する必要がないとい
う意味ではハイリターンであるといえます。

② ランニングロイヤリティ

　ランニングロイヤリティとは、ライセンスを実施したことによって得ら
れる利益等のうちの一定割合をロイヤリティとして支払うものです。

　もちろん、ロイヤリティ料率の設定次第ではありますが、これは、技術
資源の実施によって結果的にどれだけの収益が得られたかに影響され、ラ
イセンサーからすると、ハイリスク・ハイリターンとなる傾向があります。
逆にライセンシーからすると、まったく収益が得られない場合にはロイヤ
リティの支払いをする必要がなくなるという意味でローリスクですが、莫
大な収益を得られた場合にはそれに応じたロイヤリティとしてライセンサ
ーに支払わなければならないという意味で、リターンが抑制される傾向が
あります。

③ 併用パターン

　固定額とランニングロイヤリティとを併用するパターンもあります。ラ
イセンス開始時に一括払いで固定額のライセンスフィーを支払い、これに
加えてライセンスの実施によって得られる利益の一定割合をロイヤリティ
として支払うパターンと、継続的に一定の固定額のライセンスフィーを支
払いつつこれに加えてライセンスを実施したことによって得られる利益の
一定割合をアドオンでロイヤリティとして支払うパターンとがあります。

この併用パターンは、ライセンサーからすると、技術資源を実施したことによって結果的にどれだけの収益が得られたかに影響されず一定額の支払いを受けられるという意味でダウンサイドリスクに対する防御がありつつ、最終的に得られた利益に連動してロイヤリティの額が増える可能性があります。実務的には、ダウンサイドリスクに対する防御がある代わりに、ランニングロイヤリティの料率は抑えられるのが一般的です。

ライセンシーからすると、固定額のライセンスを支払う必要があるものの、その代わりにランニングロイヤリティの料率を抑えて自社に有利にすることで、一定のリターンの獲得も狙える設計といえます。

④ その他のパターン

これら以外にも、ランニングロイヤリティを基本としつつ、ロイヤリティの上限額（キャップ）を設ける設計や、継続的に一定の固定額のライセンスフィーを支払いつつ、ライセンスを実施したことによって得られる利益の一定割合が固定額のロイヤリティの金額を超える場合には、その超えた分だけをアドオンとして支払う設計（ミニマムギャランティー）もあります。

(2) ロイヤリティの決め方

いずれを採用するかは、「統合的交渉を実施するための着眼点」として紹介した「期待の相違」「リスク選好の違い」の観点のうち、自社としていずれに着目するかという点を考慮して決めます。

例えば、ある技術資源をライセンスするアライアンスプロジェクトを通じて収益が得られることについて懐疑的であるライセンサーの場合、ライセンスフィーを確実に回収するために①を採用したいと考えます。一方で、ライセンサーとして、収益が得られることに確信を持っている場合、固定額での支払いを受けることは望ましくありません。逆に、ライセンシーとして、ライセンスを受けた技術資源により莫大な収益が得られると確信している場合や、事業ポートフォリオに鑑みてハイリスク・ハイリターンの事業に取り組みたいと考えている場合、①を採用したいと考えます。

　①の固定額や、③に含まれる固定のライセンスフィーは、ライセンシーに対して「目標を設定する」ことと同じ効果があります。ライセンシーとして収益が得られなくても一定のロイヤリティを支払うということは、事実上、収益目標に達成しなかった場合のペナルティとして、不足した売上に相当するロイヤリティを補償金として支払っていることと同義となるためです。つまり、ロイヤリティは、設計次第でライセンシーの努力を引き出すためのツールとなるのです。

（3）ロイヤリティの計算基準を明確にする

　なお、ランニングロイヤリティの場合、何を基準としてロイヤリティ料率をかけあわせるのか（例えば、売上なのか、粗利なのか）を明確にする必要があります。また、そもそも「粗利」が何を指すのかという点についても確認が求められます。加えて、ロイヤリティの発生時期（ライセンシーからエンドユーザーへの請求権発生時か、代金受領時かなど）についても、可能な限り明確に定めなければなりません。

（4）ライセンス対象に追加開発があった場合の対処

　ライセンスフィー（ロイヤリティ）と密接に関連する論点として、次のようなものがあります。ライセンシーの要望に応じて、ライセンサーがライセンス対象となっているソフトウェアの追加開発をした場合、①追加開発の費用を誰が負担するのか、②追加開発部分の権利は誰に帰属するのか、③追加開発された部分をライセンスする場合に、追加のロイヤリティが必要となるか、という論点です。

　ライセンサーとしては、ライセンシーの都合により業務上の負担が発生するため、①についてはライセンシーに費用を負担させたいと考えることが多いでしょう。また、②については、理論上は、ライセンサーとしてライセンシーから追加開発の費用の支払いを受けながらも、追加開発部分の権利を自社のものとすることも可能です。加えて、③もライセンシーに対して追加で請求することも可能です。

　しかし、ライセンシーとしては、追加開発の費用（①）を支払うのであ

れば、当該追加開発部分の権利を取得したい（②）と考えるケースも少なくありません。そして、当該追加開発部分の権利をライセンシーとして保有しているのであれば、追加のロイヤリティを支払う理由はありません（③）。

　したがって、現実的には、ライセンサーが追加開発の費用を請求するのであれば、権利はライセンシーに帰属し、追加のロイヤリティは不要となります。また、ライセンサーが追加開発の費用を請求しないのであれば、権利はライセンサーに帰属し、追加のロイヤリティを別途請求するかどうかを検討する形になります。

　ライセンサーが、他社にもプロダクトを広く提供して事業を拡大していきたいのであれば、追加開発の費用を請求しない後者のパターンを採用するのが一般的でしょう。他方で、短期的に売上を立てる必要があるのであれば、追加開発の費用を請求する前者のパターンを採用することになります。いずれにしても、アライアンスを含む自社の経営戦略と矛盾のない形で整理することが肝要です。

ロイヤリティ監査および違約金について検討する

（1）ロイヤリティ監査の内容

　技術資源の不正利用を防止し、対価・費用を回収するという観点から、ロイヤリティ報告書の提出を義務付けることに加えて、ロイヤリティ監査および違約金についての定めも必要となります（視点(b)）。

　ロイヤリティ監査とは、ランニングロイヤリティの支払いが適正か否かをチェックする手続のことです。具体的には、ライセンス契約にあらかじめ定めた調査・監査権として、実施報告書の正確性を検証するために必要な帳票・帳簿類などを提出させて、これらを精査します。

　ロイヤリティ監査は、ライセンシーの支払額が実際の状況に適合しているか疑問がある場合に行われるものであるため、ロイヤリティ監査の条項を定める交渉をすること自体に対して「信頼されていない」と感じて抵抗する企業もいます。そのため、ライセンサーに監査権があると規定するに

とどまる場合も少なくありません。しかし、ロイヤリティ監査は、いざ実施するときに利害対立が生じやすいものなので、実施方法（事前通知の要否や方法、調査対象となる帳簿の種類、営業所への立ち入り可能時間、従業員へのインタビューの方法、監査可能回数、費用負担等）の詳細についてあらかじめ具体的に規定しておくことが理想的です。

(2) 違約金の設定

　ライセンサーとしては、ライセンシーの不正抑止の観点から、ランニングロイヤリティの支払いが適正でなかった場合の違約金の条項についても規定するべきです。もし違反が発見されても不足分を埋め合わせるだけで済むのであれば、「バレたら適正金額を払い、バレなければ過少支払いで済む」ことになってしまい、ライセンシーとしては過少申告するリスクがなくなってしまうからです。

　なお、SaaSの形でソフトウェアをライセンスする場合には、ライセンシーの利用状況をライセンサーが、ソフトウェアを通じて客観的に把握することが可能なケースも多く、その際にはロイヤリティ監査が不要となり、ライセンサーが把握している利用状況に間違いがないかについてライセンシーと突き合わせ作業をすることで済む場合もあります。

▎情報提供・技術援助義務について検討する

　技術資源を有効活用するために、ライセンサーの情報提供・技術支援義務をライセンス契約書において定める場合も少なくありません（視点(a)）。

　技術資源の内容によりますが、ライセンサーが技術指導をしなければ、ライセンシーが技術資源を十分に活用できない場合もあります。ソフトウェア企業が顧客に対して導入支援（オンボーディング）を実施するのと同様に、アライアンスにおいてもライセンサーがライセンシーに対して当該技術の導入支援を実施しなければなりません。

　具体的には、技術者やエンジニアをライセンシーに対して派遣するという合意をすることがあり、その際には、技術者の人数や派遣時間などを定

めます。

ライセンサー・ライセンシーの競業禁止について検討する

　ライセンス契約によって実現されるアライアンスに対して必要十分な経営資源を投入し、技術資源の価値が最大限発揮されるようにするために（視点(a)）、また、技術資源が競合に対して流出することを防ぐために（視点(b)）、ライセンス契約の相手方の競業を禁止することがあります。

　例えば、プロダクトの開発を担当するライセンシーが、ライセンサーの競合企業の技術資源のライセンスを並行して受けると、開発リソースが分散してしまい、ライセンサーの技術資源が有効活用されない可能性が生じてしまいます。また、ライセンサーの技術資源に関する情報が、競合企業に流出してしまう可能性もあります。

　さらに、技術資源の実施権を得て、これをプロダクト化するために開発を担当するライセンシーの立場としては、ライセンサーが、ライセンシーの競合企業に対して技術資源のライセンスを並行して与えてしまうと、体制を整備して開発を推進しても、競合企業とのシェア争いに巻き込まれ、投資を回収できなくなる可能性が出てきます。そうすると、ライセンシーとしても経営資源の投入に対して及び腰になって、結果的に、技術資源が有効活用されない可能性が高まります。また、実際に開発を実施するなかで得られたノウハウやコツが、ライセンサーを通じて競合他社に流出してしまう可能性もあります。

　なお、このような競業禁止義務については、ライセンサーあるいはライセンシーのうち、立場が強いほうが相手方に課すことが多く、公正な競争を阻害するものとして独禁法上の規制対象となる場合があります。技術資源の保護のために必要かつ合理的な範囲を超える競業禁止義務を課すことは避けなければなりません[1]。

1　公正取引委員会による「知的財産の利用に関する独占禁止法上の指針」においても、「ある技術に権利を有する者が、当該技術の利用を他の事業者にライセンスをする際に、当該技術の利用に関し、当該技術の機能・効用を実現する目的、安全性を確保する目的、又は、ノウハウのような秘密性を有するものについて漏洩や流用を防止する目的で、ライセンシ↗

保証責任について検討する

（1）保証が必要な理由

　ライセンス契約を通じたアライアンスにおいて技術資源を有効活用するためには（視点(a)）、技術資源を安心して使えるという保証が必要となります。ライセンシーに対してこの「安心」を与えるのが、いわゆる保証責任に関する規定です。

（2）何を保証するのか

　ここで何を保証するのかについては、３つのレベルに分けることができます。すなわち、①そもそも当該技術資源に関する権利をライセンサーが保有しているのか、②当該技術資源が第三者の権利を侵害していないか、③当該技術資源はアライアンスの目的に照らして本当に有用なのか、の３つです。

　①については、ライセンサーが実施許諾を与えようとしている技術資源が、実はライセンサーが別のライセンサーから実施許諾を受けているものであるケースもあります。また、特許をライセンスする場合において、当該特許が無効であったことが判明することもあります。そのため、ライセンシーとしては、技術資源に関する権利をライセンサーが保有していることを確認し、保証してもらう必要があります。

　②については、例えば、ライセンサーが他社のノウハウを盗用しているケースや、他社のインターネットサービスのソースコードを盗用（コピーアンドペースト）している場合などがあるため、ライセンシーとしては、技術資源に関する権利をライセンサーが保有していることについて保証させたいところです。なお、②の派生形として、対象となる技術資源が第三

　ーに対し一定の制限を課すことがある。これらの制限については、技術の効率的な利用、円滑な技術取引の促進の観点から一定の合理性がある場合が少なくないと考えられる。他方、これらの制限を課すことは、ライセンシーの事業活動を拘束する行為であり、競争を減殺する場合もあるので、制限の内容が上記の目的を達成するために必要な範囲にとどまるものかどうかの点を含め、公正競争阻害性の有無を検討する必要がある。」とあります。

者によって侵害されていないことを保証させることもあります。

③については、技術資源が実際にアライアンスを進めるにあたって役に立たなかったというケースに備えて、あらかじめ手当をしたい場合のための保証です。しかし、アライアンスはパートナー間の協力により事業を推進する性質のものなので、ライセンス契約を通じて想定していた成果が発揮されなかった場合、その原因は双方によりもたらされていることが多いといえます。したがって、③の項目について保証をすることは基本的には避けるべきで、もし、何かしらの成果を担保したいのであれば、「目標を設定する」ことを推奨します。

③の派生系として、ソースコードとしてのソフトウェアのライセンスではなく、いわゆるSaaSとしてのライセンスを実施する場合においては、SLA（サービス・レベル・アグリーメント）についての検討も必要となります。その内容としては、ライセンサーがライセンシーに対して、運用の品質の保証（例えば、提供するサービスで障害が発生した際の復旧スピードの保証）、性能の品質の保証（例えば、エラーや事故を一定以下に抑制することを保証）、サポートの保証（例えば、サポートの方法や時間、回数を保証）をするか否かについて規定するのが一般的です。

ライセンサーとしては、上記を保証することにより想定されるリスクやコストと、保証することにより獲得が期待されるロイヤリティの総額とを比較しつつ、交渉を進めることになります。

契約解除条項について定める

「終了方法を明確にする」ために、契約解除条項を設ける必要があります。契約解除条項自体はどのような契約にも盛り込まれる一般的な条項ですが、ライセンス契約においては、技術資源を保護するという観点（視点(b)）から、組織再編等に関する規定について検討することが必要です。

特に、新規技術の研究・開発に取り組んでいるベンチャー企業は、他社にM&Aされるというオプションを持ちながら経営をしていることも少なくなく、ライセンス契約の当事者であるベンチャー企業の支配株主がM&

Aにより変動するということは珍しくありません。このような場合、ライセンサー・ライセンシーいずれの立場からも、ライセンス契約の終了を希望することがあります。

　例えば、ライセンサーであるベンチャー企業A社が、ライセンシーである大手企業B社の競合である大手企業C社にM＆Aされようとしているケースにおいて、C社およびA社としては、A社とB社とのライセンス契約を終了させることをM＆Aの条件としたい場合があります。

　また、逆に、ライセンサーである大手企業D社が、その保有・管理するビッグデータをベンチャー企業E社にライセンスしているケースにおいて、E社がD社の競合企業であるF社にM＆A（吸収合併）される場合、D社としては自社のビッグデータに対するF社のアクセスを防ぐため速やかにライセンス契約を終了したいと考えることが想定されます[2]。

　上記のようなニーズを反映して、いわゆるチェンジ・オブ・コントロール条項が設けられます。例えば、合併、事業譲渡、株式交換、株式移転、会社分割、株式取得その他相手方の組織または資本構成に重大な変更をもたらす取引が行われ、その結果、相手方が自己の競争者に支配されることとなった場合には、直ちにライセンス契約を解除することができるといった規定を設けます。

　また、契約終了後の取扱いについても検討が必要です。例えば、ライセンサーがチェンジ・オブ・コントロール条項に基づき契約を終了させたとしても、契約終了後もライセンシーの手元にノウハウ資料等が残っていては、ライセンシーは契約終了後もノウハウを実施することができてしまいます。そのため、ライセンサーとしては、契約終了時にノウハウ資料等一式を返還あるいは破棄することを契約上規定するべきです。

　なお、契約終了時において、ノウハウ資料などが複製されていたりすることもあり、何を返還あるいは破棄するのかの特定が困難な場合もあります。そのような事態に備えて、ライセンシーに対し、そもそも一切の資料

2　なお、このケースにおいて、F社が、多様な企業のビッグデータを取り扱っているという点においてE社を高く評価している場合、D社との契約終了はE社企業価値を低く算定する根拠となりえますので、E社としても注意が必要です。

の複製を禁止することや、資料を破棄したことの証明書を契約終了時に交付することを求めることも必要となります。

　上記で言及したもの以外も含めて、ライセンス契約で一般的に問題となりうる条項は以下のとおりです。

◎ライセンス契約で問題となりうる条項◎

- 契約目的
- 対象著作権・特許・ノウハウ・その他の知財
- 実施権の内容
- サブライセンスの可否
- ロイヤリティ
- ロイヤリティ監査、違反の際の違約金
- ライセンサーの情報提供・技術援助義務
- ライセンサーの最恵待遇義務
- ライセンシーの実施義務
- ライセンシーの不争義務
- ライセンサー・ライセンシーの競業禁止
- 保証責任
- 改良技術の取扱い
- 契約期間
- 契約解除
- 契約終了後の義務
- 秘密保持義務
- 紛争処理条項

共同研究・開発契約の設計ポイント

共同研究・開発契約とは

　共同研究・開発契約とは、業務提携契約の一種で、複数の企業の研究者や技術者がそれぞれの知識やノウハウを提供し合うことで、共同して新しいプロダクトや技術の開発を行うことを規定する契約です。研究開発を行う1つのチームを共同で立ち上げるパターンや、当事者それぞれのチームで開発範囲を分担するパターンなどがあります。共同研究・開発を実際に行うのは研究者や技術者なので、ここでは各々の企業が提供する人材・組織資源の質が重要となります。なお、一方当事者が資金を提供して他方当事者が研究・開発を行うパターンの役割分担もあります。

　とりわけ、リスクが高くビジネスが軌道に乗るまで時間がかかる研究開発型ベンチャー企業と大手企業とのアライアンスの重要性が叫ばれて久しいですが、共同でプロダクトを開発するまでに至るケースはまだ少ないのが現状です。

　このような共同研究・開発契約を成功に導くための基本的な視点は、共同研究・開発契約が、パートナーの有する技術資源に加えて、人材・組織資源を活用するアライアンスであることに鑑み、以下の2点にあります。

◎共同研究・開発契約を検討するときの「視点」◎

(a) アライアンスの目的を達成するために、どうすれば技術資源および人材・組織資源を有効に活用できるか

(b) 技術資源を有効活用しつつも、それをどのように保護するか

共同研究・開発契約の目的を特定する

すべてのアライアンスに通じるルールですが、共同研究・開発契約においても、その目的（そして目的に応じた対象範囲）を明確に規定する必要があります[3]。共同研究・開発の目的が不明確だと、それと連動する協力義務の範囲、競業禁止の範囲などが不明確になり、経営資源を安心して投入できない（視点(a)）ばかりか、事後的に争いが発生しかねません（視点(b)）。

特に共同研究・開発契約は、いままでになかった新しい技術やプロダクトを世に送り出すことを目的としており、これは、社会的な課題を解決するための取り組みであることが多いといえます。そのため、アライアンスの目的についての認識をそろえるという意味において、共同研究・開発契約の目的と前提となる社会的な課題についても明記することが有用です。

連携体制について定める

（1）なぜ連携体制について定める必要があるのか

多くの共同研究・開発は、事業の段階で言うと初期フェーズであり、試行錯誤的な活動が中心となります。したがって、**共同研究・開発において技術資源および人材・組織資源を有効活用するには、関係的ガバナンス[4]を中心にアライアンスを推進することが適切です**（視点(a)）。

（2）連携のための組織を設置する

そのため、共同研究・開発を推進するなかで、新たに浮上してくる問題や論点について意思決定していく委員会が必要となります。経営判断に関連する問題や論点を判断する委員会の名称としては、運営委員会、ステア

3　例えば、既存のコア技術を利用してプロダクトの開発を行うことが目的なのか、あるいは特定分野の技術について特許を取得することが目的なのかといった点について、どういった事業領域を対象として共同研究・開発を実施するのかを具体的に特定しなければなりません。

4　関係的ガバナンスについては、157ページの脚注をご参照ください。

リング・コミッティー、マネジメントコミッティーなどがあり、実務者レベルでの委員会の名称としては、分科会、プロジェクトチーム、ワーキングチームといったものがあります。

　技術的な問題については、専門性を有する現場の担当者が中心となる後者の委員会において意思決定されるように権限を配分することで適切な運営ができるようになります。また、ビジネス的な問題についても判断が必要になるテーマについては、研究開発部門だけでなく、事業部門、法務・知財部門など関係部署の責任者によって構成される委員会に意思決定の権限を配分するのが理想です。

(3) 委員会の運営方法

　これらの委員会については、その権限を明確にし、開催時期・頻度、開催場所、決議方法（定足数）、議事録の作成・保管法などについて契約において規定します。具体的には、運営委員会等の経営レベルの委員会については、例えば四半期に一度といったペースで定期的に開催し、重要な問題が生じれば臨時に集まれるように定めておくべきです。開催場所については、対等な関係であることを表現するために、それぞれのオフィスを交互に利用することもあります。また、実務者レベルの委員会については月次で開催するなどして、非公式の交流や意見交換は日常的に実施するのが理想的です。

　なお、研究開発型ベンチャー企業には資金的な余裕はなく、可能な限り早く成果を出しマネタイズの糸口を見つける、あるいは資金調達を実施する必要があるため時間的な余裕もありません。特定のアジェンダについて「持ち帰って意思決定する」というのはアライアンスのスピードを殺してしまう行動であり、避けたいところです。そのためにも、それぞれの委員会に意思決定権限をしっかりと配分することが重要となります。

　ところで、これらの委員会の設営については、サイエンス・テクノロジー系の大学や研究所の出身者により構成される研究開発型ベンチャー企業のメンバーよりも、大手企業のメンバーが得意とするところです。研究開発型ベンチャー企業には技術資源や人材・組織資源の価値を最大限発揮し

てもらいたいところですので、委員会の設営は大手企業側のメンバーがリードするべきでしょう[5]。

業務分担について定める

　多くの共同研究・開発は、複数の当事者が、技術資源および人材・組織資源、そして場合によっては財務資源を拠出するリスクの高いプロジェクトです。ただでさえリスクが高いため、可能な限り拠出された経営資源を効率的に有効活用するべく、各当事者がどのような業務をどのように分担するかを明確化し、契約書に明記するべきです（視点(a)）。また、プロジェクトを進めるなかで混乱が生じた場合には、運営委員会を通じて整理をすることが求められます。

　特に、事業会社と研究開発型ベンチャー企業とのアライアンスにおいては、対象領域が事業会社と重複しており、事業会社内においてすでにR＆Dを実施していることも少なくありません。この場合、事業会社側でベンチャー企業と連携する領域の特定や連携することに対する社内での説明が必要となることが多く、両者の業務分担方法について明確化することは、契約上だけでなく、社内意思決定プロセスをスムーズに進めるうえにおいても重要です。

成果物の権利帰属について定める

　共同研究・開発契約は、初期フェーズの試行錯誤的な事業活動であるとはいえ、何かしらの成果物を生み出すことがその目的とされることが一般的です。例えば、コア技術を用いてプロダクトという成果物を生み出したり、ノウハウを用いて特許技術を生み出したりすることが目的とされます。
　そのため、共同研究・開発契約では、こういった成果物に関する権利（知

5　このような委員会を設営すると、研究開発型ベンチャー企業は「大企業的な運営がなされている」「大企業に管理されている」と感じてしまうものかもしれません。委員会の設営が共同研究・開発の成果を出すために必要な仕組みであることをベンチャー企業にも理解してもらうところから、丁寧なコミュニケーションをはじめる必要があります。

的財産権など）を誰に帰属させるのかという点について規定する必要があります（視点(b)）。

　これについては、当事者間の共有とするパターンと、一方当事者に帰属させるパターンとがあります。

（1）共有とするパターン

　当事者間の共有とする場合、共有持分割合や、成果物に特許性が認められることが予想される場合には特許出願等に関する取り決めもしておく必要があります。

　共有割合は、それぞれの成果物に対する貢献度に応じて決めるという考え方もありますが、契約締結時点ではその予測が難しく、一方当事者がよほど特殊かつ固有の技術を提供する場合でない限り同じ割合にするか、あるいは前述した運営委員会等において別途協議とするケースが多いといえます。

（2）一方当事者に帰属させるパターン

　一方当事者に成果物の権利を帰属させる場合、権利が帰属しない他方当事者の利益を保護する必要があります。

　ここでは、権利が帰属しない当事者が、そもそも何を目的として共同研究・開発のアライアンスを実施したのかを考慮する必要があります。例えば、保有している技術資源を共同でプロダクト化して、最終的に第三者の手によって世に送り出すことが目的だったとすれば、成果物に対する寄与度に応じた金銭の支払いを受けることが考えられます。また、保有している技術資源を共同でプロダクト化して、自社として販売していくことが目的だったとすれば、当該成果物についての実施権の付与を受けることが考えられます。

　アライアンスはあくまでも手段であり、アライアンス契約の個別の条項について検討する際にも、常に目的から逆算して考えることが重要です。

成果物の利用等について定める

　共同研究・開発のアライアンスを実施するのは、その成果物を何らかの形で利用したいからです。先ほど「権利帰属について定める」でも言及したように、成果物が一方当事者にのみ帰属する場合、その当事者は成果物を原則として自由に利用できます。その代わりとして、他方の当事者としては、別途実施権の付与を受けて当該成果物を利用できなければ、共同研究・開発のアライアンスを実施した意味がなくなってしまいます（視点(a)）。

　ここでは、「統合的交渉を実施するための着眼点」として紹介した「所有の必要性」に着目した利害調整が必要になります。共同研究・開発によって、パートナーそれぞれが、成果物の所有権を獲得したかったのか、成果物の利用権を獲得したかったのかに留意しなければなりません。

　例えば、A社とB社との共同研究・開発契約において、特許Xを取得することを目的とするとします。このとき、新たに取得した特許Xの権利の帰属、そして特許Xの実施権の内容について整理しなければなりません。ここで、A社は特許Xをさまざまな企業にライセンスすることで利益を上げたい一方で、B社はソフトウェア企業であるため、特許Xを自らプロダクタイズして市場に投入していきたいと考えていたとします。この場合、A社が所有権を確保し、B社は無償あるいは低いロイヤリティ料率での実施権を確保することで利害調整が可能となりえます。

　一方、いずれのパートナーも成果物の所有権を求めた結果、成果物が当事者間の共有となった場合、成果物の利用について整理が必要となります。成果物の利用に関してのトラブルを予防するためには、当該成果物を第三者にライセンスする場合の条件、成果物から得たロイヤリティ等の利益の分配方法等の利用に関する条件を、当事者間であらかじめ合意しておく必要があります。

　なお、成果物の公表のタイミングについてあらかじめ合意しておくことも重要です。リスクの高い共同研究・開発を通じて得られた研究成果は、早期に対外的に公表したいというインセンティブが働きますが、特許出願

権を獲得した相手方が特許を出願する前に成果物を公表してしまうと、公知の発明として特許を受けることができなくなる可能性が大きいからです。

契約終了時の扱いについて定める

　共同研究・開発のアライアンスが終了した場合、その成果物の取扱いが問題になります。「成果物の利用」と似た論点ですが、共同研究・開発によって生み出された成果物は、ノウハウや技術の集合であり、一体として機能するものが多く、その性質上、一般的には単純に分けることができないものなので、一方当事者に帰属させて他方当事者は金銭による補償を受けるか、有償または無償のライセンスを受けるのが一般的です（視点(a)）。

　また、成果が出ないことを理由として共同研究・開発を途中で終了する場合に備えて、途中成果物の扱いや費用の精算方法についても事前に規定しておく必要があります。

ライセンスとしての側面も検討する

　共同研究・開発契約においては、一方あるいは双方が自社の保有する技術資源を提供するケースが少なくありません。そのようなケースにおいては、競業禁止や権利保護について、ライセンス契約としての論点の検討も必要になります（視点(b)）。

　上記で言及したもの以外も含めて、共同研究・開発契約で一般的に問題となりうる条項は以下のとおりです。

◎共同研究・開発契約で問題となりうる条項◎

- 共同研究・開発の目的と対象
- 共同研究・開発において拠出される技術資源、実施権の内容
- 連携体制・進捗報告の方法
- 業務分担・意思決定の方法

- 業務責任者の特定
- 業務の第三者への委託の可否
- 費用の分担
- 成果物の帰属
- 成果物の発表・利用
- 競業禁止（類似あるいは競合する研究開発の制限）
- 契約期間
- 契約解除
- 契約終了後の権利義務
- 秘密保持義務
- 紛争処理条項

4 販売提携契約の設計ポイント

販売提携契約とは

　販売提携契約は、業務提携契約の一種で、一方当事者がプロダクトやサービス（本項目においては、総称して「プロダクト等」といいます）を拠出し、他方当事者が販売資源を提供する契約です。販売提携契約は、大きく2つのパターンに分けることができます。

（1）販売店契約とは

　1つは、いわゆる販売店契約です。プロダクト等を開発・生産する当事者であるベンダー・メーカー・サービス提供者（本項目においては、「ベンダー等」といいます）が、販売資源を提供する他方当事者である販売店（ディストリビューターと呼ぶ場合もあります）に対してプロダクト等を販売し、他方当事者が顧客にそれを転売するモデルです。

　ここでは、販売店はプロダクト等の「仕入れ」をする形になります。「仕入れ」をしているため、最終的に売れなかった場合や、代金を回収できなかった場合、プロダクトに欠陥があった場合の一次的な顧客対応のリスクは、販売店が負うことになります。また、販売店としては原則として、まずはプロダクトを仕入れるためのキャッシュが必要になります。そのような意味で、販売店にとってはリスクが大きいですが、その反面、顧客への販売価格を自分で決定することができ、その販売価格と仕入れ価格との差分が収益となりますので、リターンも見込めます。

　逆に、ベンダー・メーカーとしては、プロダクトを売り切ることができ

るのでリスクは比較的低くなりますが、市場における価格決定権を失うというデメリットもあります。

◎販売店契約◎

(2) 代理店契約とは

もう1つは、いわゆる代理店契約です。ベンダー等が、顧客に対してプロダクト等を販売・提供するにあたり、販売資源を提供する他方当事者である代理店がその取引を媒介するモデルです。

ここでは、あくまでもプロダクト等の販売・提供は、ベンダー等と顧客との間で直接的に行われます。代理店は、あくまでも販売資源を媒介者として提供して販売手数料を受領するのみで、代金回収リスク、在庫リスク、欠欠品リスク、キャッシュアウトの負担などは負わない反面、価格決定権は保有できません。

逆に、ベンダー等としては、通常は代金回収リスク、在庫リスク、欠欠品リスクを負担することになりますが、価格決定権を握ることができます。

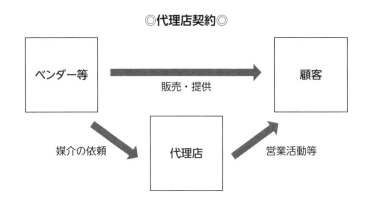

◎代理店契約◎

　販売提携契約を成功に導くための基本的な視点は、以下の2点にあります。

◎販売提携契約を検討するときの「視点」◎

(a)　アライアンスの目的を達成するために、販売店・代理店による十分な販売資源の投下を担保するための義務・インセンティブをどのように設計するか

(b)　ベンダー等と販売店・代理店との間のパワーバランスをどのように調整するか

独占販売権の有無について検討する

(1) 独占販売権を与える意義

　販売提携契約において論点となりやすいのが、販売店・代理店に対して独占販売権を与えるかどうかです（視点(a)）。

　販売店・代理店が有する販売資源を十分に拠出してもらい、プロダクト等の市場浸透を実現するには、販売店・代理店に相応のインセンティブを与える必要がありますが、その代表的な手段が、販売店・代理店に対しての独占販売権の付与です。

　なぜなら、もし販売店・代理店として独占販売権を確保することができれば、当該プロダクト等の市場流通の希少性が増し、他のプロダクト等の販売に充てていた人員等の販売資源を当該プロダクトの販売に充てたとしてもそのコストの回収が実現できる可能性が高まりますし、また、販売店・代理店が開拓した顧客を他社に奪われることも防止できるため、安心して販売資源を投下できるからです。もちろん、プロダクト等自体に商品力があるのであれば、販売店・代理店としては独占販売権を獲得して収益を大きく確保できるという単純なインセンティブとしての側面もあります。

(2) 独占販売できる地域について検討する

ベンダー等の立場からは、独占販売権が認められる地域を明確にしておく必要があります。

地域に関しては、国単位で指定することもあれば、日本国内の都道府県単位で指定することもあります。前述のとおり、販売資源には地域特殊性があります。そのため、パートナーが保有している販売資源の強みが活かされない地域に独占販売権を与えたとしても、その地域での販売は強化されず、機会損失が生じるだけです。ベンダー等としては、パートナーとなる販売店・代理店の販売資源の強みの範囲を見極める必要があります。

(3) ベンダー等の直接販売権について検討する

また、ベンダー等の直接販売権の有無も明確にしなければなりません。販売店・代理店に独占販売権を認めるとしても、ベンダー等が顧客に対して直接にプロダクト等を販売してよいかは別問題だからです。実務的には、販売店・代理店に独占販売権を与える場合には、独占権がある地域内においてはベンダー等の直接販売を禁止することが少なくありません。

このとき、ベンダー等としては、直接販売権を失う場合のリスクについて注意しなければなりません。直接販売権を失うということは、第一に、自社の営業体制が整備されず脆弱になって、最終的に販売店・代理店に依存しなければ経営が成り立たなくなるリスクがあります[6]。ただし、プロダクト等に商品力がある場合には、強い交渉力を維持することができるので、そのようなリスクも緩和されます。

第二に、直接販売権を失うことで顧客との直接のコミュニケーションの接点を失うリスクがあります。昨今では「サブスクリプション」という概念が台頭してきています。サブスクリプションとは、直接的には、プロダクト等を利用した期間に応じて継続的に料金を支払う課金方式を指しますが、その本質は、顧客を中心に据えて、顧客の声を絶え間なく汲み取りプロダクト等をアップデートし続けることができる仕組みにあります。**顧客**

---

6 直接販売権を失わなくても、販売店・代理店への依存は大きな経営リスクになることには変わりありません。

とのコミュニケーションの接点が、ますます重要性を増している状況のなかで、直接販売権を手放すことには相応のリスクが伴うことを認識しなければなりません[7]。

　販売店・代理店が顧客のことを最もよく理解しているという状態が生み出されると、ベンダー等としては、販売店・代理店に従わざるを得ない立場に追い込まれてしまう可能性すらあります。これが、ベンダー等と販売店・代理店との間のパワーバランスをどのように調整するかという問題です（視点(b)）。実際に、家電量販店が顧客との接点を独占した結果、家電メーカーが似たような状況に追い込まれており、IoT家電や直販を通じてその挽回を図っているという指摘もあります。

　少なくとも、ベンダー等としては、後述する報告義務を販売店・代理店に課して、顧客の声や情報を収集できるような仕組みを構築する必要があります。また、販売という形で顧客との接点を保つのではなく、プロダクト等をSaaSの形で提供したり、IoTを活用したりするなどして、ベンダー等として顧客と継続的にコミュニケーションをとることができる仕組みを用意しておくことも非常に有効です。

▌ 最低購入量・販売目標について検討する

（1）最低購入量・販売目標の設定

　販売店・代理店に対して独占販売権を与えるとき、ベンダー等としては、販売店・代理店が自社のプロダクトに対して販売資源を十分に投下することを期待しています。また、独占販売権を与えると、他の販売店・代理店にも販売権を与えた場合に得られたはずの収益を失っている可能性もありますし、競争原理も働きにくくなります。

　そこで、販売店・代理店から最大限の努力を引き出すために、ベンダー等としては、販売店に対しては最低購入量、代理店に対しては販売目標を

7　なお、サブスクリプションに関する詳しい考え方については、『サブスクリプション』（ティエン・ツォ他著、桑野順一郎監訳、御立英史訳、ダイヤモンド社）や、『カスタマーサクセス』（ニック・メータ他著、バーチャレクス・コンサルティング株式会社訳、英治出版）をご参照ください。

課したいところです（視点(a)）。

　販売目標も、アライアンスにおいて具体的に何を獲得したいのか、どういう顧客像に販売したいのかを正確に反映したものである必要があります。例えば、長期的な契約が期待されるSaaSプロダクトの販売を委託する場合に、導入数だけを目標設定してしまうと、すぐに解約してしまうような本来は狙っていないセグメントの顧客に対する販売も許容されてしまいます。また、一方で、ここでの目標はある程度ストレッチを効かせるとしても、競争環境も踏まえて現実的に達成可能なものにしなければなりません。非現実的な目標設定をすると、販売店・代理店から最大限の努力を引き出す機能を失ってしまいます。そういった目標設定をしないためにも、実際の競争環境をリアルに把握している営業の責任者をアライアンス検討チームに参画させる必要があります。

(2) ペナルティを設けるかを検討する

　最低購入量・販売目標を設定する場合、これらの基準を達成できなかった場合のペナルティを設けて強制力を持たせるかどうかも検討しなければなりません。

　実際には、最低購入量・販売目標を努力義務とすることで、直接的なペナルティを設定しないケースも少なくありません。ペナルティがなければ意味がないというわけではなく、契約書に明確な目標数値として最低購入量・販売目標を記載することで一定のプレッシャーとなります。一度示した行動や発言などと整合するような行動を貫き通したいという心理的な作用である「一貫性の原理」が働くからです。逆に、契約書に記載された目標数値をいっさい顧みないような企業とはアライアンスを組むべきではありません。

　また、最低購入量・販売目標を努力義務とする場合には、努力義務を果たしたかどうかの客観的な判断基準を用意するべきです。例えば、営業活動上のKPIや、マーケティングにおける費用支出などが判断基準となりえます。加えて、努力義務である最低購入量・販売目標が未達だった場合に、状況を改善するための打ち手を改めて設計できるようにしておくことも重

要です。具体的には、前述した運営委員会等において、最低購入量・販売目標を達成するために、努力義務の内容をどう見直すのかを討議することを契約書上に明記しておくことができます。

(3) ペナルティの内容を検討する

　ペナルティを設ける場合、その内容としては①金銭補償、②契約解除、③独占権の変更、等があります。

① 金銭補償

　最低購入量・販売目標として設定した数値と実際の購入量・販売量との差分の代金相当額を金銭的に補償させるパターンです。販売店・代理店にとってはキャッシュアウトが伴うため、ペナルティとしてはかなり重いものといえます。

② 契約解除

　例えば2年連続で最低購入量・販売目標に対して未達だった場合に、ベンダー等として販売提携契約を解除する権利を与えるといったパターンです。これも、ベンダー等としては、機会損失を減らすことができるものであり、また、販売店・代理店にとっては、成果を発揮できていない販売資源の投入を止めることにも合理性があるものの、アライアンス関係が終了するものであり、ペナルティとしては比較的重いものです。

③ 独占権の変更

　最低購入量・販売目標に対して未達だった場合に、独占販売権を非独占販売権に変更する権利や、独占地域を縮小する権利をベンダー等に与えるというパターンです。ベンダー等としては、機会損失を減らすことができ、また、販売店・代理店にとっては、成果を発揮できていない領域における権利の縮小であり、金銭補償や契約解除と比べると、ペナルティとしては緩やかなものです。

販売店・代理店側の競業禁止義務について検討する

（1）販売店・代理店側に競業禁止義務を課す意義

　独占販売権は、ベンダー等として他の販売店・代理店とは組まないことを約束するものであり、ベンダー等が負う競業禁止義務としての側面もあります。では、販売店・代理店側の競業禁止義務としては、どのようなものがあるのでしょうか。

　販売店・代理店に対して独占販売権を与えるとき、ベンダー等としては他の販売店・代理店を起用できない以上、パートナーである販売店・代理店が自社のプロダクト等に対して販売資源を十分に投下することを期待しています。これを担保するためには、販売店・代理店はベンダー等の競合のプロダクト等を取り扱わないと定めることが非常に有効です。これにより、競合他社のプロダクト等にノウハウや販売資源が分散することを防止できるためです（視点(a)）[8]。

　一方、販売店・代理店としては、自社の販売活動が制限されるわけですから、競合プロダクト等の取扱い禁止を受け入れてよいかについては慎重に検討する必要があります（視点(b)）。

　特に昨今では、ただ単に顧客を開拓してプロダクト等を販売するような営業を行う販売店・代理店は減ってきており、販売先である顧客のエージェントとして、顧客のニーズを汲み取り課題を解決するための総合的な提案・調達活動を行う販売店・代理店が増えてきています。当然、顧客から「このプロダクトを調達してきてほしい」という形で、具体的にプロダクトを指定されることもあります。その場合に、**競合プロダクトの取扱い禁止について合意していると、顧客の要望に応えることができなくなってしまいます**。顧客の要望を最優先する経営方針なのであれば、競合プロダクトの取扱い禁止は可能な限り避けるべきです（それと引き換えに、独占販売権の獲得を譲歩する必要があるかもしれません）。

8　市場における有力なメーカーは、競合プロダクトの取扱い禁止が独占禁止法上の排他条件付取引や拘束条件付取引に該当しないよう注意する必要があります。

(2) 何が「競合」に該当するのか明確にする

　また、競合プロダクト等の取扱い禁止を受け入れる場合においても、何が「競合プロダクト」なのかについて不明確だと、トラブルの原因となってしまいます。対象事業領域、利用場面、機能などの要素を通じて「競合プロダクト」の定義は明確にしなければなりません。

(3) 契約終了後の扱いについて検討する

　契約終了後も競合プロダクト等の取扱い禁止が存続するかどうかについても検討しなければなりません。なぜなら、契約が終了したとしても、プロダクト販売のノウハウと顧客との接点は販売店・代理店に残るので、これを競合プロダクトの販売に活用されてしまっては、ベンダー等による自社の営業や、新しくアライアンスを組んだ販売店・代理店による営業が阻害されてしまう可能性があるためです。

　とはいえ、独占販売権が失われる契約終了後も競合プロダクト等の取扱いが禁止されることは制約として強すぎるともいえます。また、プロダクト販売のノウハウも時間を経て徐々に陳腐化していくものです。したがって、契約終了後6か月や1年程度の短い期間を設ける形で競合プロダクトの取扱い禁止を設計するか、あるいはノウハウ等については秘密保持義務により保護するという形で整理するのが合理的でしょう。

報告義務について検討する

　前述のとおり、ベンダー等は、顧客とのコミュニケーションを維持するように努めなければなりません。また、プロダクトの販売状況や利用状況等を把握することで、プロダクトのアップデートや新しいプロダクトの企画、マーケティング戦略の立案をすることができます。加えて、販売提携契約（販売店契約）が終了した場合に備えて、あらかじめ販売先を把握しておく必要もあります（視点(b)）。そこで、ベンダー等としては、販売店・代理店に対して独占販売権を与えると否とにかかわらず、顧客への販売の報告義務を課したいところです。

具体的には、販売状況、販売見込、プロダクト等に関する評判・クレーム、顧客情報、競合プロダクトの状況等につき、報告義務を課すことが望ましいといえます。報告の頻度については、月次・四半期・半期・通期毎といったペースが考えられますが、販売店・代理店が報告のために情報を整理する作業のコストを考慮して調整する必要があります。

上記で言及したものも含めて、販売提携契約で一般的に問題となりうる条項は、以下のとおりです。

◎販売提携契約で問題となりうる条項◎

- 契約の目的
- 対象プロダクト
- 販売権・販売義務の内容（独占権の有無、販売目標）
- プロダクトの引渡し方法
- 所有権移転および危険負担
- プロダクトの品質に関する保証や責任の有無・範囲
- プロダクトの知的財産権に関する保証の有無・範囲
- 第三者からのクレームや返品・解約への対応
- 販売促進活動の内容
- 販売店の報告義務（顧客情報、販売数量、販売見込み、顧客からのクレーム内容および報告頻度等）
- 競業禁止義務
- 第三者への再委託の可否
- 契約期間および契約の終了
- 契約終了後の権利義務（在庫の取扱い、競合プロダクトの取扱い禁止等）
- 秘密保持義務
- 紛争処理条項

5 生産提携契約の設計ポイント

生産提携契約とは

　生産提携契約とは、業務提携契約の一種で、委託者が自社の生産能力を補完するため、特定のプロダクトの製造や開発をパートナーとしての受託者に委託して、その生産資源を活用するものです。

　生産提携は、製造業において馴染みのあるアライアンスですが、ソフトウェアの開発委託においても活用されてきたものです。昨今ではファブレスでの事業展開を目指すハードウェア系のベンチャー企業にとっても、理解が不可欠なアライアンスです。また、販売提携契約の項で説明したように、昨今では顧客との直接のコミュニケーションの接点の重要性が増してきていますが、その接点から得られるフィードバックやノウハウを活用してプロダクトの企画・設計に専念し、生産資源については外部に頼るという戦略の有効性も増しつつあります。

　生産提携契約には、プロダクトのベンダー・メーカーが委託者として製造・開発を外部に委託する製造・開発委託契約と、販売資源やブランド資源を持つ販売主が委託者として自社ブランドでのプロダクトの製造・開発を外部に委託するOEM契約と呼ばれるものがあります。

　OEM契約では、受託者は、委託者のブランドを冠したプロダクトを製造し、委託者はそのプロダクトを受託者から所有権を取得して再販売するため、顧客からは委託者のオリジナルプロダクトであるかのように見える

のが特徴です。OEM契約[9]に基づき製造・開発されたプロダクトはプライベートブランド商品と呼ばれ、最近ではスーパー・コンビニ等がその販売に注力しています。

　生産提携契約を成功に導くための基本的な視点は、以下の2点となります。

◎生産提携契約を検討するときの「視点」◎

> (a) 製造物・開発物のクオリティをどのように担保するか
> (b) 製造・開発のために受託者が投下する資本の回収をどのように担保するか

(1) 仕様の特定方法について検討する

　生産提携契約においては、製造物・開発物のクオリティを担保するために、原則として、委託者と受託者との間で、製造・開発するプロダクトの仕様や品質レベルについて認識をすり合わせる必要があります（視点(a)）。

　特に、有形物の製造委託契約であれば、設計図などのビジュアライズされたドキュメントにより、仕様を詳細かつ具体的に特定して両者の認識をすり合わせておくことがポイントとなります。一方で、ソフトウェアの開発委託契約については、以下のように仕様の特定方法にも工夫が必要です。

　ソフトウェアの開発手法の代表格が、いわゆるウォーターフォール型開発です。ウォーターフォール型開発とは、滝の水が上から下へ落ちるのと同じように、企画→要件定義→設計→実装→テスト、という形で開発工程を区分して、それぞれの工程が終わると次の工程に進み、前の工程には戻らない開発手法です。前の工程には戻らないことが前提である以上、要件定義や設計の工程において仕様を詳細かつ具体的に特定しておく必要があります。この手法は、例えば統合業務ソフトウェアの導入やオペレーションシステムの開発など、しっかりと計画を立てることが可能な長期のプロジェクトに採用されています。契約としては、最終成果物を完成させるこ

9　ここで言うOEM契約は、ソフトウェアのホワイトレーベルライセンスとしてのOEM（168ページ参照）とは異なるものなので、注意が必要です。

とを受託者がコミットする、いわゆる請負型の契約となるのが一般的です。

　一方で、昨今のソフトウェア業界では、顧客のニーズの変化も激しく、常にプロダクト・サービスのアップデートが求められ、しかも、競合他社よりいかに早くリリースするかも重要です。開発の初期の工程において詳細かつ具体的な仕様を固めたとしても、開発中にその仕様自体が陳腐化してしまう可能性があり、仕様を変更しないと逆にプロダクトのクオリティを担保できなくなってしまいます。こういった状況を受けて、新しい開発手法としてアジャイル型開発が台頭しています。アジャイル型開発は、大きな単位でシステムを区切ることなく、顧客の要望やそれを受けてプロジェクト自体が変化することを前提としたうえで、小単位で実装とテストを繰り返して開発を進めていく開発手法です。

　生産提携契約を締結する際には、製造・開発の対象となっているプロダクトの開発手法として、ウォーターフォール型開発が適切なのか、アジャイル型開発が適切なのかをまずは見極める必要があります。

　ウォーターフォール型開発が適切なのであれば、契約締結時点で仕様を詳細かつ具体的に特定する必要があります。

　では、アジャイル型開発の場合の契約はどうすればいいのでしょうか。これについては、①必要最小限かつコアとなる機能の仕様について合意し、この機能が完成後、委託者と受託者が改めて協議して追加機能の開発に合意する、②基本契約を締結したうえで、機能や開発サイクルごとに覚書きを追加で締結していく、③いわゆる準委任契約の形で、開発リソースの提供のみを合意する、といった方法が考えられます。いずれを採用するにしても、プロジェクトを開始する時点ではプロダクトの完成までの見通しが立っていない、まさに「変化が激しい」状態です。そのため、アジャイル型開発を採用する生産提携のアライアンスにおいては、パートナー間での信頼関係を構築するための連携体制の整備も非常に重要となります。

業務遂行に必要な経験や能力を指定する

　特にソフトウェアの開発において問題となる点ですが、契約の内容や開発の手法によっては、製造物・開発物のクオリティを担保するために、受託者の提供するメンバーの水準について委託者としてコントロールする権利を確保したほうがいい場合もあります（視点(a)）。

　生産提携において、製造・開発を受託者に実施してもらう場合、契約形態として請負契約や委任契約（正確にはソフトウェア開発業務の場合は準委任）等の形態が考えられます。

　請負契約は、契約で合意した内容を実現することが契約の目的となり、受託者としては、合意した内容のプロダクトを完成させることにコミットする形となります。こちらは、実際の開発に先んじて企画、要件定義、設計についてしっかり合意するウォーターフォール型開発と親和性の高い契約形態です。

　これに対して委任契約は、仕事やプロダクトの完成が目的ではなく、合意した内容を実現するための「作業」を実施することを契約の目的とする契約で、最終的な結果を確約しないものです。こちらは、小さい単位の開発を何度も繰り返しながら、プロダクトのクオリティを向上させていくアジャイル型の開発と親和性の高い契約形態です。

　ウォーターフォール型開発など、請負型の契約を採用するのであれば、受託者としてはプロダクトを完成させる義務がありますが、一方で、アジャイル型の開発においては、「完成されたプロダクト」という考え方をしないので、製造・開発を担当するメンバーの力量・技量だけが頼りとなります。

　プロジェクト自体の変化も激しいため、臨機応変な開発チームが必要になりますし、パートナー間に強い信頼関係が求められます。この場合、委託者としては、製造・開発を担当するメンバーを「指名」したいところですが、これを認めると実質的な人材派遣業になってしまうので、委託者として個々のメンバーの指名や特定はもちろん、事前の面接も行ってはなり

ません[10]。あくまでも、業務遂行に必要な経験や能力を提示できるにとどまりますので、注意が必要です。

技術指導について定める

　製造物・開発物のクオリティを担保するためには、業務遂行に必要な経験や能力を指定するだけでなく、委託者による技術指導が必要になる場合もあります（視点(a)）。特に、委託者の技術資源を活用した製造や開発を委託する場合や、委託者が保有する既存のソフトウェアとの接続を前提とした開発を委託する場合には技術指導が重要となります。

　その際、技術指導の人数、期間やメンバーの出張費用の負担をどうするかが論点になることもあるため、こうした点について契約上明確にしておくことが必要です。

独占的製造・開発権について検討する

　生産提携を実施する場合、当該アライアンスの遂行のために特別な生産・開発体制を整えることもあり、受託者としてはこのような投下資本の回収可能性を担保する必要があります（視点(b)）。安定的な売上により投下資本を回収できるという安心感は、受託者のコミットメントを引き出すためにも重要です。また、受託者としては、大量製造・開発により設備や開発チーム等の稼働率を上げ、規模の経済によりコストを削減したいと考えます。

　このような背景から、受託者としては、キャパシティさえあれば、アライアンスの対象となっているプロダクトについて独占的な製造・開発権を獲得したいところです。具体的には、契約期間中、委託者はアライアンスの対象となっているプロダクトの製造・開発を第三者に委託することができない、という形での合意をすることが考えられます。

10　人材派遣業（労働者派遣事業）を行おうとする場合は、事業主の主たる事務所を管轄する都道府県の労働局からの許可を得る必要があります。

もちろん、委託者としても、生産委託のコストを下げるほうがアライアンスにより得られる競争優位性が高まります。つまり、品質を担保しつつ、受託者の製造・開発の能力を確保することができるのであれば、受託者に独占権を与えても問題が発生する可能性は高くありません。

　そこで、委託者としては、受託者に十分な製造・開発能力を維持する義務、需要に合わせて設備投資や体制構築を行う義務を課すよう要求し、これらが果たせない場合には独占権を解除するという形の契約が考えられます。

品質保証について検討する

　製造物・開発物のクオリティを担保する直接的な契約条項として、品質保証の条項があります（視点(a)）。

　アジャイル型の開発においては、「完成されるべきプロダクト」という概念がないため、「完成されるべきプロダクト」と「実際に完成されたプロダクト」の差分を問題とする品質保証は基本的には論点とはなりません。一方、ウォーターフォール型開発などにおいて、請負型の契約を採用した場合には重要な論点となります。ここでは、品質保証の範囲・期間と、品質保証違反があった場合の補償方法が主な論点となります。

　受託者としては、品質保証の範囲・期間は最小限にとどめたいところです。具体的には、品質保証範囲としては、仕様として合意された最低限度の機能を実装していること、期間としては例えば半年や1年間にとどめたいと考えます。また、補償方法としては、損害賠償のみだとキャッシュアウトのリスクを負うため、代品請求や補修請求も認めてほしいと考えます。

　一方、委託者としては、生産提携のアライアンスが対象とする事業に立ち返って検討する必要があります。具体的には、受託者の品質保証の期間は、まずは委託者がプロダクトのエンドユーザー（顧客）に対して品質保証する期間をカバーしている必要があります。そうしないと、委託者が受けた保証請求を受託者に転嫁できなくなってしまうからです。そして、委託者がエンドユーザー（顧客）に対して保証する期間は、プロダクトの不

備が発覚するまでに通常要する期間をカバーしていないと、ユーザーフレンドリーとはいえません[11]。

　なお、委託者が受託者に対して、使用目的や用途への適合性・有用性についても保証を求めるケースもあります。しかし、こういった適合性・有用性は仕様においてカバーされているべきものであり、仕様どおりに製造・開発したにもかかわらず適合性・有用性がない場合は、仕様を設計した委託者（あるいは両者の）責任であり、受託者のみが責任を負うべきものではないと考えられます。

　また、プロダクトが有体物である場合には、製造物責任法（PL法）[12]により委託者・受託者が責任を負う場合があります。製造物責任法上の責任を生じさせうる欠陥の内容としては、委託者が作成した仕様書に起因するものも、受託者の製造工程に起因するものも含まれうるので、請求に対する損失は、責任のあるほうの当事者が負担するという約束をしておくことが合理的です。

ライセンス契約としての側面等について検討する

　委託者の技術資源を利用させて製造委託する場合は、ライセンス契約と同様の論点が発生します。例えば、ライセンスの対象となる権利の特定、技術資源の実施権の範囲、契約終了後のノウハウ等の取扱いなどが代表的な論点です。

　また、受託者が中小企業や個人の場合には、物品の製造を委託するときも、

11　なお、受託者の委託者に対する保証期間が、委託者が顧客に対する保証期間を超える場合には後述する下請法違反となるおそれがあるので注意が必要です。また、品質保証違反があった場合の補償方法としても、プロダクトのエンドユーザー（顧客）に対して行うべき補償方法と内容をそろえることが合理的です。例えば、プロダクトのエンドユーザー（顧客）に対しての補償が金銭補償のみしか考えられない場合には、受託者による補償も金銭補償に限定したいところです。一方で、プロダクトがソフトウェアである場合などにおいては、エンドユーザー（顧客）としても本来あるべき機能がそろえばいいので、受託者による補償方法として、補修も認められるべきです。

12　製造物責任法とは、「製造物」に欠陥がありエンドユーザーが損害を被った場合、エンドユーザーが小売店などを飛び越えて、直接、メーカーに対し無過失責任を負わせ、損害賠償責任を追及できるという法律です。

ソフトウェアの開発を委託するときも、下請代金支払遅延等防止法（下請法）が適用される可能性があります。企業のモラルとして当たり前の内容ですが、委託者としての強い地位を濫用して、度を超えた低価格を受託者に押し付けることや、受託者に責任がないのに、発注時に定められた金額から減額すること等は禁止されていますので、注意が必要です。

　上記で言及したものも含めて、生産提携契約で一般的に問題となりうる条項は、以下のとおりです。

◎生産提携契約で問題になりうる事項◎

- 契約の目的
- 対象プロダクト
- プロダクトの仕様、委託の内容
- 業務遂行に必要な経験や能力
- 受託者側業務責任者の特定・通知
- 進捗報告の方法
- 独占的製造権
- 製造・開発の再委託の可否
- 納入、受入検査、不合格品の処置
- 支給品、貸与品の有無
- 技術指導
- 対価、支払条件
- 品質保証、瑕疵担保責任
- 知的財産権の保証
- 製造物責任
- 競業禁止義務
- 契約期間および契約の終了
- 契約終了後の権利義務
- 秘密保持義務
- 紛争処理条項（仲裁、裁判）

6

資本提携契約の設計ポイント

資本提携とは

　ここまで説明してきた業務提携において、一方が他方に対して同時に資本参加も行う場合を、資本提携といいます。例えば、販売資源を保有する大手企業が、新規技術を用いたプロダクトを開発するベンチャー企業に対して出資して、当該プロダクトを拡販するという取り組みは、資本提携として分類されます。

(1) 資本参加の手法

　主要な資本参加の手法としては、株式譲渡によって発行済株式を取得する方法と、第三者割当増資を利用して新株を取得する方法があります（次ページ表参照）。

　株式譲渡は、既存の株主がその保有している発行済株式を第三者に譲渡するものなので、会社としては資金調達ができない（フレッシュマネーが入らない）という点に注意が必要です。財務資源を獲得するという側面においては、新規に株式を発行して、それを第三者に引き受けてもらう第三者割当増資を利用する必要があります。

　ところで、資本提携に伴う出資とはどの程度の比率でしょうか。一般的には、議決権の過半数を保有し一方が他方の経営権を取得した場合は、出資を受け入れた企業の経営の独立性は担保されず、本来の意味でのアライアンスとはいえないケースがほとんどです。したがって、アライアンスとしての資本提携は、過半数に満たない出資を伴う場合を想定します。

	支払対価	出資側視点			出資受入側視点	
		キャッシュアウト	支配権獲得	交渉コスト	キャッシュイン	その他
株式譲渡	現金	あり	100%まで可能	株主との個別交渉コストが発生	なし	株式売却時点で売り手に譲渡益課税
新株発行	現金	あり	100%まで不可（ただし、出資受入側の自己株消却等を組み合わせることで100％も可能）	出資受入企業との交渉（ただし、株主総会決議が必要な場合もあり）	あり	新規株主が引き受ける場合、既存株主の持分比率が低下
株式交換	自社株式	なし	100%まで可能	出資受入企業との交渉（ただし、原則として株主総会決議が必要）	なし	

（2）資本提携の狙い

　資本提携が行われる主な狙いとしては、以下のようなものがあります。

【出資を受け入れる側の狙い】

　出資を受け入れる側の狙いとしては、まず、①事業投資のために財務資源を獲得することが挙げられます。いわゆる資金調達目的です。前述のとおり、株式譲渡によって発行済株式を取得してもらうのではなく、第三者割当増資をしないとこの目的を達成することはできません。また、②出資する企業のコミットメントを引き出すことを意図するケースも多いといえます。出資によりキャッシュアウトが伴うことに加えて、資本関係の解消は簡単ではないため、出資をする以上はそれに見合う成果を得なければならないという出資側の覚悟を引き出すことを狙うものです。

【出資をする側の狙い】

　他方で、出資をする側の狙いとしては、まず、①アライアンスにおいて一定の有利な条件を獲得することや、投資契約を通じて出資先企業に対し

て一定の支配力を及ぼすことがあります。具体的には、経営支配権は獲得できないものの、出資をする代わりに出資先の経営資源について一定の独占や排他的権利を獲得して、あわよくば自社の競合を排除するという目的が背後にある場合もあります。また、②出資先企業を持分法適用会社（232ページ参照）とすることにより、アライアンスを通じて出資先企業に帰属する利益を自社にも取り込むことを狙う場合もあります。そして、③出資先企業がM&Aされたり、IPOした場合に、財務リターンとして株式売却益等を獲得することを狙う場合もあります。

　特に、利益の取り込みや財務リターンの存在は、出資するパートナーのコミットメントを引き出し、アライアンスの推進力を確保する側面からも重要です。パートナーと資本関係を持つことによって、アライアンス成果と自らの利害が整合する形になります。その結果、相手を犠牲にして自社の利益を確保しようというような発想や行動が抑制され、相手の利益も含めたアライアンス成果の最大化を目指そうとするインセンティブが生まれるのです。

　上記のように、業務提携にあえて出資を伴わせる理由は、一定の支配力の確保と、相手のコミットメントを引き出すことにあります。したがって、アライアンスを成功させるという文脈において、資本提携を設計する際の基本的な視点は、以下の2点となります。

◎資本提携契約を検討するときの「視点」◎

(a) ガバナンスと意思決定の自由度のバランスをどのように確保するか

(b) 相手（特に、出資者）のコミットメントをどのように引き出すか

　以下では、アライアンスを推進するという事業戦略上の観点において、資本提携契約における重要性の高い項目について解説します。

持分比率を検討する

（1）持分比率に応じた権利

　株主には議決権があります。議決権は、株主が株主総会において提案された議案に対して賛否を表明する権利であり、株式会社の意思決定に直接に関与することを可能とするものです。そして、株主は、単元株や種類株式などの場合を除いて、原則として株式1株につき1個の議決権を有します。一方で、出資とは、所定の引受価額に相当する財産を会社に拠出するのと引き換えに、会社から株式の発行を受けることをいいます。つまり、出資する金額に応じて、引き受けることができる株式数が定まります。議決権比率に応じて、当該会社について意思決定できる項目が異なるため、持分比率は、出資先に対するガバナンスに直接的に影響します（視点(a)）。

　例えば、過半数の議決権を保有していると、役員（取締役・会計参与・監査役）の選任や、計算書類の承認などの普通決議事項についての決定権を持つことができます。一方で、前述のとおり、資本提携では出資者が出資先の過半数の議決権を獲得することは稀です。過半数の議決権を保有するに至った場合、それは一般的にはM＆Aに分類されます。

　過半数の議決権を保有せずとも、会社の意思決定のガバナンスに影響を及ぼすことも可能です。過半数を下回る範囲で、3分の1超の議決権の保有があるかどうかが1つの目安となります。会社法上、3分の2以上の議決権を保有していると、特別決議事項についての決定権を持つことができます。特別決議事項としては、例えば、定款の変更、事業の重要な一部の譲渡、募集株式の割当て、解散など、会社の基礎的事項に関連するものが中心です。これを裏返すと、特定の株主が3分の1超の議決権を保有すると、当該株主が反対する限り特別決議事項が成立しないということです。

　議決権保有割合と、会社の意思決定事項に対するガバナンスとの関係を整理すると、次の表のようになります。

◎議決権保有割合と決議事項例◎

決議の種類	決議事項例	議決権保有割合とガバナンス	
普通決議事項	役員等の報酬決定（361条1項、379条1項、387条1項、482条4項）、役員等の競業取引の承認・利益相反取引の承認（356条1項、365条1項）、株式無償割当てに関する事項の決定（186条3項）、計算書類の承認（438条2項）、準備金の額の減少（448条1項）、剰余金の額の減少（450条2項）、剰余金の配当（454条、金銭分配請求権を与えない現物配当を除く）、役員（取締役・会計参与・監査役）の選任（329条1項）、役員の解任（339条）、会計監査人の選任・解任・不再任（338条2項）	1/2超	株主総会の普通決議を単独で成立可能
		1/2以上	株主総会の普通決議を単独で阻止することが可能
特別決議事項	全部取得条項付種類株式の取得に関する決定（309条2項3号、171条1項）、株式併合（309条2項4号、180条2項）、募集株式の事項の決定（309条2項5号、199条2項）、募集新株予約権の事項の決定（309条2項6号）、募集株式の割当て（309条2項5号、204条2項）、募集新株予約権の割当て（309条2項6号）、累積投票により選任された取締役の解任（309条2項7号）、監査役の解任（309条2項7号）、資本金の額の減少（309条2項9号、447条1項）、定款の変更（309条2項11号、466条）、事業の全部の譲渡（309条2項11号、467条1項1号）、事業の重要な一部の譲渡（309条2項11号、467条1項2号）、事業の全部の譲受け（309条2項11号、467条1項3号）、解散（309条2項11号、471条）、会社法第5編（組織変更、合併、会社分割、株式交換及び株式移転）の規定により総会決議が必要な場合（309条2項12号）	2/3以上	株主総会の特別決議を単独で成立可能
		1/3超	株主総会の特別決議を単独で阻止することが可能

(2) 相手のコミットメントを引き出す

　また、資本提携を設計する際の視点としては、相手のコミットメントをどのように引き出すかという点も忘れてはなりません（視点(b)）。前述のとおり、資本提携において資金調達をするベンチャー企業としては、パートナーである大手企業に出資者となってもらい、自社の利益の取り込みができるようにして、アライアンス成果と出資者の利害を整合させることが考えられます。

　過半数の議決権を保有することで、出資者（親会社）は、出資先（子会社）の株主総会の普通決議を単独で成立させることができるとともに、株主総会の特別決議を単独で阻止することが可能となります。つまり、経営

上の方針に対する大幅なコントロール権を獲得するので、この場合、原則として、出資先の資産・負債、収益・費用のすべての項目を出資者と合算する連結法を適用することになります。

　一方で、出資者が保有する議決権比率が過半数に満たなくても、出資先に対して経営上重要な影響力を持つ場合は、いわゆる持分法が適用されます（この場合、出資先を持分法適用会社といいます）。持分法では、出資先の純資産および損益を、出資者の持分に応じて投資会社の連結財務諸表に反映させます。

　では、具体的に、持分法が適用されるのはどのような場合なのでしょうか。持分法が適用されるかどうかは、出資者が、出資、人事、技術、取引等の関係を通じて、出資先に対して重要な影響を与えることができるかどうかという基準によって判断されます。

　すなわち、(i)出資者が出資先の議決権の20％以上を所有する場合、(ii)議決権比率が15％以上20％未満であっても、出資者が出資先に対して、役員の派遣や、重要な技術提供、販売・仕入れ等の取引等を行っている場合が持分法の適用の対象となります。

　なお、15％という比率は決して小さくないため、出資を受け入れる立場においては、資本政策との整合性について慎重に検討する必要があります。

持分比率の維持の方法を検討する

（1）追加的な資金調達についての利害関係

　資本提携においては、出資先企業は財務資源が不足していることも多く、第三者割当増資を通じて資金調達を行うケースが中心的です。しかし、事業を行っている以上、その後さらに追加的な資金調達の必要性も出てきます。

　もちろん、出資先としては元来、必要に応じて第三者から追加的な資金調達をする自由があります。しかし一方で、出資者からすれば、出資先が新株発行を伴う追加的な資金調達を行った場合に自社の持分比率が低下し、当初確保していたガバナンスや利益の取り込みが失われてしまう可能性が

あります。

　また、出資者として財務的リターンを獲得することも期待していた場合には、自己の持分比率を維持することは、IPOやM＆A等を通じて株式が現金化される場合にその対価の何パーセントを確保できるかという点において非常に重要です。そのため、自社の関知しないところで追加的な資金調達が行われ、持分比率が低下することを阻止したいと考えるケースも少なくありません（視点(a)）。

(2) 出資先の追加的な資金調達に対する出資者としての主要な対応

　そこで、出資先において追加的な資金調達の必要が生じた場合に備えて、出資者としてどのような権利を確保するかについて検討しておく必要があります。

・事前承諾（拒否権）条項を設ける方法

　まず、投資契約において、出資者の事前承諾がない限り追加的な資金調達を認めないとする事前承諾（拒否権）条項を設けることが考えられます。これにより、少なくとも自社の関知しないところで追加的な資金調達が行われることはなくなります。

　ベンチャー企業の立場からしても、既存のアライアンスパートナーである出資者から追加的な調達をすることができるのであれば、お互いの実力値も把握できているため後述する情報の非対称性も少なく、交渉コストが抑制でき効率的なので、まずは既存株主に資金調達の打診をするのも不合理ではありません。

・株式の優先引受権を設ける方法

　また、投資契約において、出資先が株式等を新たに発行する場合には、出資者が自己の持分比率を維持する範囲で優先的に新株を引き受けることができる権利を定めることがあります。ポイントは、出資者に対して追加の資金提供の機会を保証しつつも、追加の資金提供を義務とはしないという点です。これにより、出資者として、追加出資して持分比率を維持する

のか、追加出資せずに持分比率の低下を甘受するのかを意思決定すること
ができるようになります。

■ 役員選解任権の設計を検討する

（1）取締役等の役員派遣を通じてガバナンスを行う

　資本提携において、出資者はアライアンスの目的を達成するために出資
先に財務資源を拠出しているわけですから、出資先の経営が適切に行われ
るように一定のガバナンスを担保する必要があります（視点(a)）。

　そして、出資先の経営に関する基本的事項は株主総会を通じて決定され
ますが、実務レベルの重要な意思決定は取締役会で行われるのが通常です。
具体的には、取締役会は会社の業務執行の決定を行い、取締役の職務の執
行を監督し、代表取締役の選定・解職を行います。そのため、会社経営の
状況をモニタリングし、必要に応じて意見を述べることのできる状況を確
保するためには、取締役会に取締役を派遣することが非常に有効です。し
かし、役員の選任は普通決議事項であるため、過半数の議決権比率を保有
していない限り、単独で取締役の選任決議をすることはできません（230
ページ参照）。

（2）過半数の議決権を保有していない場合

　過半数の議決権を保有することなく、出資先に取締役を派遣する方法が
あります。具体的には、①投資契約[13]において出資者に一定人数の役員選
解任権限を与える旨の規定を設けること、②出資先を種類株式発行会社と
し、出資者がＡ種種類株式を、その他の株主がＢ種種類株式をそれぞれ保
有し、出資先定款において各種類の株式に係るそれぞれの株主総会におい
て、一定人数の取締役を選解任する旨の規定を設けることなどがあります。

　②の方法は、種類株主総会を別途開催しなければならず、実務的には手
続が煩雑になりがちなので、①の方法を採用するケースが多いといえます。

13　提携契約とは別に、出資に関連する諸条件を定める投資契約を締結する場合もあれば、提
　　携契約のなかに出資に関連する諸条件を含めてしまう場合もあります。

①においては、取締役選解任権だけを確保しておいて、実際にはいざというときまで行使しないという柔軟な取扱いも可能となります。契約上の権利は、文字どおりあくまでも「権利」であり、行使するかしないかは権利者の自由だからです。

◎取締役選解任等の統制方法◎

	設計の手続	運用の柔軟性	違反した場合の効果・対処方法
投資契約の活用	契約締結手続で済むため、比較的簡便	契約上の権利であるため、行使しないことも可能であり、柔軟	契約違反にすぎないため選解任自体は有効であり、契約上のペナルティを活用
種類株式の活用	定款変更手続が必要であるため、やや煩雑	定款に定められた手続となり、硬直的	定款違反であるため、株主総会決議取消訴訟を活用可能

　なお、①の方法を採用した場合、出資先が契約に違反して出資者の指名する取締役を選任しなかったとしても、株主総会決議取消しの訴えなどの会社法上の救済手段を用いることができず、その選任を覆すことができなくなる可能性があります。実務上は、こういった違反に対するペナルティとして、損害賠償請求権や、いわゆるプット・オプションやコール・オプションを設定しておくことで対応することが少なくありません（ただし、具体的な損害の立証は非常に困難です）。プット・オプションおよびコール・オプションについては後述します。

拒否権項目について検討する

　例えば、資本提携において出資者が15％の議決権を保有するにとどまる場合、出資者は出資先の意思決定に関与できなくなってしまう可能性があります。役員の選解任に関する権利を確保して取締役会に自社の人間を取締役として送り込んだとしても、取締役会の過半数の議決権（頭数）を確保しない限り、会社経営の状況をモニタリングし、必要に応じて意見を述

べることができるにとどまります。

出資先の事業に関する重要な意思決定事項に関して、出資者の意思も反映させるためには、一定の重要事項に関しては出資者自ら拒否権を持つことが必要になります（視点(a)）。これは、事前に出資者が当該重要事項について承諾しない限り、会社としての意思決定を認めないという権利です。このような拒否権を確保するための方法としては、①投資契約において一定の重要事項の決定については出資者の事前の承諾を必要とする旨の規定を設けること、②出資先を種類株式発行会社とし、出資先の定款において一定の重要事項について種類株主総会の決議があることを必要とする旨の規定を設けることが考えられます。

役員選解任権と同様に、②の方法は、種類株主総会を別途開催しなければならず、実務的には手続が煩雑になる傾向があり、①の方法を採用するケースが多いといえます。また、①の方法を採用した際のペナルティについても、損害賠償請求権、プット・オプションやコール・オプションが利用される場合が多いといえます。

拒否権項目としては、以下の項目から、出資比率や出資先に対して求めるガバナンスのレベルに応じて選択されるのが一般的です。

◎拒否権項目◎

- 定款の変更
- 事業内容の変更
- 株式等の発行、付与、もしくは処分（自己株式の処分を含む。）または自己株式の取得
- 株式分割、併合、無償割当または消却
- 剰余金の処分
- 株主の変動または株主の持分の変動に係る承認
- 合併、株式交換、株式移転、事業譲渡、事業譲受、会社分割その他の企業結合または第三者との資本提携
- 出資者の競合事業者との間の契約の締結または変更
- 第三者との重要な契約または約定の締結変更、解除または終了
- 取締役の競業行為または利益相反行為の承認

- 役員の報酬等の決定
- 一定額以上の新規の借入れまたは債務保証その他一切の債務負担行為
- 一定額以上の第三者への貸付け
- 資本金の額の減少、資本準備金の額の減少
- 子会社または関連会社の設立、取得、譲渡または解散
- 解散または倒産手続開始の申立て
- 第三者に対する訴訟、仲裁、調停、強制執行その他司法上の手続の開始、第三者との間の和解、請求の放棄・認諾、訴え・申立ての取下げ
- 事業計画、年次予算または投資計画の策定または重要な変更
- 株式の国内金融商品取引所または海外における同様の機能を有する取引所等への上場に関する意思決定

　ところで、上記のような拒否権項目があまりに増えてしまうと、出資先としては意思決定の自由度・迅速性が損なわれてしまうおそれがあります。特に迅速性に関しては、出資者の内部での意思決定プロセスを考慮する必要があります。出資者の窓口となる担当者が出資者における上層部の人間であればいいですが、そのようなケースは稀であり、拒否権項目に関しては、担当者に連絡を入れ、出資者内部での稟議等のプロセスを経て、はじめて出資者としても「承諾」することが可能になることが少なくありません。

　実務的には、出資者内部での稟議等のプロセスに数週間かかるケースもありますので、**拒否権項目を受け入れる際には「承諾」のプロセス・所要時間を確認しておくことが大事です。**

　意思決定の自由度・迅速性を確保するために、出資先としては、上記のような項目を、拒否権項目ではなく、投資家と協議を尽くしさえすればよく、投資家の同意までは不要とする事前協議事項とするか、投資家に事前に通知すれば足りる事前通知事項とするように交渉することも検討するべきです。

将来的なM&Aについて検討する

　資本提携もあくまでアライアンスの一形態なので、出資者としても、基本的には自社に不足している経営資源を出資先から獲得することを意図しています。

　そして、出資を通じて経営資源を獲得する手段としては、資本提携だけでなくM&Aも存在します。アライアンスパートナー同士に独立性が認められる場合には資本提携として分類されますが、経営支配権が移動し、一方のパートナーの独立性が失われる場合は一般にM&Aとして扱われます。このように、資本提携とM&Aはある意味「地続き」の経営資源獲得手段です。ただし、いきなりM&Aを実施することには、以下のようなリスクが伴います。

　まず、現在は技術進化や競争環境に関する不確実性が高く、経営資源獲得の目的となっている事業が先端的なものであればあるほど、当該事業に関して行う投資のリスクは大きいものとなります。一方で、時間をおいて不確実性やリスクが許容できるレベルになった段階で投資やM&Aを実行するか否かを判断することは、出資者としては合理的です。

　また、アライアンスにおいて相手が新しいパートナーである場合、いくらデューデリジェンスをしたとしても、その本当の実力やミッション適合性は完全には把握できません。そこで、まずは業務提携からスタートし、パートナー間の情報の非対称性を解消し、資本提携、そして最終的にM&Aに至るというプロセスを経ることも合理的です。情報の非対称性を解消してパートナーの特性を把握しなければならないのは、出資者・買収者側だけでなく、出資先・被買収者も同様です。出資者・買収者側がどのような企業風土で、どれだけ新規技術に対してオープンで、意思決定のスピードがどの程度なのかについては、実際に業務提携や資本提携を行うことを通じて把握するのが最も確実です。

　このように、段階的なステップを踏んで、事業・技術やパートナーに関する不確実性を徐々に減らしていきながら出資者としてのガバナンスの程

度を引き上げていく方法は、リアル・オプションに基づくアプローチと呼ばれることがあります。最近になって設立が急増しているCVC（コーポレート・ベンチャー・キャピタル）も、リアル・オプションに基づくアプローチで新規事業を開発したり、経営資源を補完しようという取り組みであることが少なくありません。

◎リアル・オプションに基づくアプローチ◎

資本提携のケースで言えば、例えば、A社がB社を最終的にM&Aすることも視野に入れつつ、A社がB社に対して出資を行う、あるいはB社の既存株主から株式の譲渡を受ける資本提携を実施するとします。その際、A社に対して、例えば「一定期間経過後あるいは一定の条件が成就した場合にB社の残りの株式の売り渡しを請求できる」というコール・オプション[14]を付与できます。A社がこのオプションを行使すれば、その時点で買収が完了することになります。

資本提携契約違反に対するペナルティを設計する

投資契約において合意した出資者の事前承諾権を無視した決議などの重大な契約違反や、あるいは重大な表明保証違反があった場合に備えて、出資者は出資先に対するペナルティとしてどのようなものを用意できるので

14　コール・オプションとは、一定の事由が生じた場合に、相手方に対してその保有する株式を自らに売り渡すように請求（コール）できる権利のことです。

しょうか。

　実務上は、上記のような違反について、プット・オプション[15]やコール・オプションの規定を組み合わせ、かつ、オプションの発動事由に応じて買取価格を調整するという形のペナルティを用意することが少なくありません。ここでの買取価格の定め方としては具体的には、以下のようなパターンがあります。

◎買取価格の決定方法◎

- 出資者が買取対象株式を取得した際の1株当たりの払込金額
- 出資先の直近の貸借対照表上の簿価純資産に基づく出資先の1株当たりの純資産額
- 出資先の直近の株式の譲渡事例または増資事例における1株当たりの譲渡金額または新株発行価額
- 出資者が選任した第三者の鑑定による発行会社株式の1株当たりの公正な時価

　そして、ここでのプット・オプションやコール・オプションはあくまでもペナルティとして機能するものなので、プット・オプションについては上記のうち最も高い価額を採用し、コール・オプションについては上記のうち最も低い価額を設定するケースが多いといえます。これにより、実質的には違約金を設けた場合と同様の効果が生まれます。

　なお、アライアンスの目標未達や、デッドロックによる契約解除のケースなど、必ずしもいずれかの当事者のみにアライアンス解消の帰責性があるとはいえない場合においては、買取価格につき中立的な条件が設定されるケースが多く見受けられます。

　上記で言及したものも含めて、資本提携契約で一般的に問題となりうる条項（業務提携に関するものを除く）は、次ページのとおりです。

15　プット・オプションとは、一定の事由が生じた場合に、相手方に対して自らが保有する株式を買い取るように請求（プット）できる権利のことです。

◎資本提携契約で問題となりうる事項◎

- 資本提携の目的
- 出資条件（発行する種類の株式、発行株式数、発行価額、払込金額の総額、払込条件、資本金等）
- 種類株式の内容
- 資金使途
- 表明保証
- 役員選解任権
- オブザーバー指名権
- 重要事項に関する拒否権
- 情報開示請求権
- 優先引受権
- 希釈化防止条項
- 契約違反時の取扱い（プット・オプション等）
- 先買権
- 共同売却請求権
- 契約期間および契約の終了
- 契約終了後の権利義務
- 秘密保持義務
- 紛争処理条項

合弁（ジョイントベンチャー）契約の設計ポイント

合弁（ジョイントベンチャー）契約とは

　ジョイントベンチャー（JV）とは、複数の企業が互いに出資し、新しい会社を立ち上げて事業を行うことをいいます。主に、①複数の企業が出資しあって新たに会社を設立するパターンと、②既存企業の株式の一部を買い取り、その企業を既存の株主や経営陣と共同経営するパターンの2つの形態があります[16]。

　いずれのパターンを採用するにしても、業務提携や資本提携と異なり、JVによるアライアンスでは、パートナーが共同出資する独立した法人である合弁会社が登場します。合弁会社をパートナー間においてどのように経営していくか、それぞれのパートナーが経営に対してどれだけコミットするのかというガバナンスの設計が、JVを検討する際のポイントとなります。

　また、そもそもアライアンスの目的は、自社に不足している経営資源を確保することにあるので、合弁会社が空っぽのままでは意味がありません。財務資源、人材・組織資源、技術資源等がそろってはじめて合弁会社として事業が展開できます。事業の内容によっては、法令に基づく許認可が必要な場合もあります。そこで、まずは合弁会社に対して、パートナーがそれぞれどのような経営資源を拠出するのかを明確にしつつ、当該経営資源

16　②のパターンは、すでに存在する法人を利用するため効率的に思えるかもしれませんが、当該既存企業の資産・負債などについてのデューデリジェンスが必要になるケースもあるので、新規に法人を設立したほうがコストを抑制できる場合も少なくありません。

が確実に拠出されるようにしなければなりません。

　加えて、JVによるアライアンスでは、合弁会社が生み出した収益をどのようにパートナーに分配するかという点も設計する必要があります。このとき、パートナーの拠出した経営資源や、経営に対するコミットメントと、収益の分配とのバランスがとれていることが、長期的なアライアンスを継続するうえできわめて重要となります。

　したがって、JVを設計する際の基本的な視点は、以下の3点となります。

◎合弁契約を検討するときの「視点」◎

> (a) 合弁会社にどのようなガバナンスを実施するか
> (b) 合弁会社への経営資源の確保およびコントロールをどのように行うか
> (c) 利益をどのように分配するか

持分比率について定める

　合弁契約では、出資額、引受株式数、出資比率（その結果としての持分比率）を定めます。持分比率は合弁会社のガバナンスを左右します（視点(a)）。持分比率に応じてどの範囲の決議事項まで単独で意思決定できるかについては、資本提携契約の項目（227ページ以下）をご参照ください。

　ところで、合弁会社を経営するにあたって、どのような持分比率が適切なのでしょうか。持分比率は50：50が公平であり理想的なように見えます。実際に東レ・デュポン株式会社のように50：50の比率で50年以上継続している合弁会社もあります。しかし、この比率はいわゆるデッドロック状態に陥りやすく、よほどの高度な信頼関係がない限り運営が難しいのが実際です。そのため、一方のパートナーが合弁会社の議決権の過半数を保有する場合が多く、場合によっては、一方のパートナーが議決権の3分の2以上を保有することもあります。

　また、持分比率は、JVを通じて得られる利益をどのように分配するか

という点にも影響します。こちらも前述のとおり、持分比率に応じて、合弁会社の利益をどの範囲で自社に取り込むかが変わってきます。具体的には、過半数の議決権を保有することで、出資先の資産・負債、収益・費用のすべての項目を出資者と合算する連結法を原則として適用することになります。また、出資者が出資先の議決権の20％以上を所有する場合等においては持分法の適用の対象となり、出資先の純資産および損益を、出資者の持分に応じて投資会社の連結財務諸表に反映させます。合弁会社から、どれだけの利益の取り込みを行いたいかによって、持分比率の調整をしなければなりません。

　なお、当然ですが、持分比率を確保するためにはそれに応じた金額の出資をしなければなりません。資金を無駄使いしないためにも、合弁会社への出資も目的を達成するために必要最小限にとどめるべきなので、株主として必要な権限の獲得や、企図する利益の取り込みを達成できる最低ラインの比率を意識しておくことが非常に重要となります。

ガバナンスの設計を検討する

（1）独立性と統制のバランスをとる

　合弁会社が事業を展開するにあたって、いちいち株主であるパートナーに対してお伺いを立てていては事業のスピードを阻害してしまいます。そのため、合弁会社に対しては、事業推進のための独立性を与える必要があります。

　一方で、アライアンスの各パートナーは、株主および事業主体として、合弁会社の事業および経営資源に対して利害を有しているため、同時に合弁会社に対する統制も必要です。この独立性と統制のバランスをとることが、JVにおけるガバナンス設計のポイントです（視点(a)）。

（2）経営に関する意思決定

　まず、会社法のルールに基づき、合弁会社の経営に関する基本的事項は株主総会を通じて決定されます。経営に関する意思決定については、基本

的には持分比率が影響しますが、後述するように拒否権項目を設定する場合もあります。

　また、実務レベルでの重要な意思決定は取締役会で行います（取締役会を設置しない場合、株主総会が意思決定を行うことになります）。会社法のルールに従えば、合弁会社の過半数の持分比率を保有している多数派株主が、取締役を選任することができます。しかし、JVのプロジェクトは、パートナーが相互に経営資源を拠出して運営する共同事業であり、少数派株主の意向が一切取締役会に反映されないとするのはバランスを失しています。そこで、合弁契約においては、取締役会の構成（取締役・代表取締役の数）、各当事者が指名できる取締役・代表取締役の数を定めるのが一般的です。

　ところで、最も代表的かつ定量的に測ることのできる合弁会社に対する経営資源の拠出は、出資です。そのため、持分比率に対して取締役の人数も連動させたいと考えるケースも少なくありません。この場合においては、事後的に各当事者の持分比率が変動しても適用できるようなルールを設計しておくことが合理的です。例えば、合弁契約において「持分比率XX％につき１名」等、持分比率とリンクする定め方とすることが考えられます。

　また、取締役・代表取締役の解任のルールも定めておく必要がありますが、自社が指名する者については自社のみが解任できるルールとするのが一般的です。

（3）実務レベルでの意思決定方法

　では、合弁会社としての戦略立案、業績管理、重要な契約締結や大型の組織変更など、会社法上は取締役会決議事項とされていないものの、実務レベルにおいて比較的重要といえる意思決定についてはどうするべきでしょうか。こういった項目に関する判断は、親会社の連結業績にも影響するため、親会社として積極的に関与して統制を及ぼすべきであると考えられます。具体的には、合弁会社の社内規程において取締役会決議事項とすることも考えられますし、また、運営委員会など合弁会社の経営幹部や親会社の担当者が出席する会議体を設置し、そのなかで意思決定をするという

ルールを設けることも考えられます。

　一方で、採用、人員配置、開発、マーケティング、営業などの定常的な業務に関する判断については、なるべく合弁会社に独立性を与えて親会社の介入を制限するべきです。これにより、合弁会社の迅速な意思決定が可能となります。

（4）経営状況のモニタリング

　実効的な統制をするためには、合弁会社に対するモニタリング、すなわち経営に関する情報の獲得が必要となります。会社法上、株主に対しては、経営に関する一定の情報に関するアクセス権が認められています。具体的には、計算書類および事業報告が提供され、また、3％以上を保有する株主に対しては会計帳簿閲覧請求権があります。一方で、年間事業計画、年間予算等に対するアクセス権は会社法上認められていません。もちろん、取締役会に派遣している取締役を通じて合弁会社の経営に関する情報を獲得することも可能ですが、これらの情報を株主に提供することを合弁契約にも明確に定めておくケースも少なくありません。

　合弁契約に定められていないものの、合弁会社の明示または黙示の定常業務として、親会社から合弁会社に出向中の人間が、事業や経営の状況を親会社に報告すること等が求められていることもあります。このような場合には、事実上のモニタリングと統制が行われているのであり、非公式ながら親会社の意向を意識した経営判断・業務運営が行われることになります。統制を強化するという意味では効果的かもしれませんが、親会社からの過度の干渉は合弁会社の独立性や主体性、そして意思決定の迅速性を損ねることになりかねないため、注意が必要です。

拒否権（事前承認事項）の設計

（1）拒否権を設計する意義

　会社法の決議のルールに従った場合、過半数の議決権を保有していると、少数派株主の意向にかかわらず、役員（取締役・会計参与・監査役）の選

任や、計算書類の承認などの普通決議事項についての決定権を持つことができます。また、取締役会においては、一方のパートナーから派遣される取締役が取締役会の過半数を占める場合、少数派株主の意向を無視して意思決定をすることができてしまいます。

　しかし、JVのプロジェクトはあくまでも共同事業なので、会社法のルールにそのまま従うとパートナー間のバランスが崩れて、アライアンスが長続きしない可能性があります。

　そこで、資本提携と同様に、少数派株主が合弁会社の経営に参画できるようにするために、経営上重要な一定の事項について少数派株主に拒否権を与える、すなわち、少数派株主の事前承認が必要である旨を合弁契約に規定することがあります（視点(a)）。特に、少数派株主であるものの、拠出する経営資源が代替性のないものであったりするなど、合弁事業において重要な役割を果たすのであれば、一定の拒否権を与えるのがフェアといえるでしょう。

(2) どのような拒否権項目を与えるか

　どのような項目について拒否権を与えるかは、少数派株主としてJVプロジェクトを通じて獲得しようとしていた経営資源・利益を守るために必要か否かという基準で判断します（拒否権項目の例は、資本提携の項目をご参照ください）。

　一方で、拒否権は、多数派株主による経営にブレーキをかける強力な権利でもあります。意思決定の自由度・迅速性を確保するために、上記のような項目を拒否権項目ではなく、少数派株主と協議を尽くしさえすればよく、同意までは不要とする事前協議事項とすること、あるいは少数派株主に事前に通知すれば足りる事前通知事項とすることで、少数派株主に意思決定に対する一定の関与を認めつつも、多数派株主による経営に不合理なブレーキがかからないようにする設計も考えられます。

合弁会社としての経営資源確保方法を検討する

（1）経営資源確保の方法を検討する必要性

　合弁会社として、複数の企業が出資し合って新たに会社を設立する場合、新たに設立された会社には事業を運営するための経営資源がありません。したがって、アライアンスの目的を達成するために確保する必要のある経営資源が、不足なく合弁会社に帰属している状態、あるいは合弁会社が当該経営資源を利用できる状態を確保・維持する必要があります（視点(b)）。

（2）資金の確保方法

　財務資源である資金については、会社設立時にパートナーそれぞれから一定額の出資がなされます。この時点では、事業計画に応じて必要な資金を確保するという観点で金額を決定します。しかし、残念ながら事業計画どおりに物事が進むことのほうが珍しく、合弁会社の継続的運営のために追加的に資金が必要となる場合が少なくありません。その場合の資金調達方法について、あらかじめ定めておくとよいでしょう。

　合弁会社の追加の資金調達方法ついては、いくつかのパターンがあります。まず、デット（借入れ）によるのか、エクイティ（第三者割当増資）によるのかという形で大別できます。また、調達先として、合弁会社の既存株主から調達するのか、第三者から調達するのかという点でも場合分けが可能です。合弁会社の既存株主から調達する場合、それぞれの持分比率に応じた調達をするのか否かという点でも場合分けが可能です。

　いずれが適切かはケースバイケースですが、一般論として、第三者からエクイティ調達する場合や、既存株主から持分比率に連動しない比率でエクイティ調達する場合であって調達後の持分比率が大幅に変わる場合、合弁契約の見直しが必要になるケースがあるので注意が必要です。

　例えば、①第三者からエクイティで調達した場合、新しい株主に既存の合弁契約を承継させるかどうかという点を検討しなければなりません。持分比率にもよりますが、途中から参画しているという経緯も踏まえると合

◎エクイティで追加調達した場合◎

30%以上保有につき、
合弁契約で拒否権など付与

弁契約の全部を承継させることは現実的ではない場合が多く、承継させるべき義務の選別が必要となります。また、例えば、②持分比率に連動しない比率でエクイティ調達した結果、少数派株主の議決権割合が一定割合を下回った場合には、多数派株主としては合弁会社の経営を会社法のルールどおりに行うべく、少数派株主の拒否権について失効させる等の調整を希望する場合があります。

◎JVの資金調達パターン◎

資金調達方法	調達先	パターン	特徴
デット	第三者	JVが自己の信用により第三者から借入れ	• 持分比率に影響しない • 回収リスクを負うのは第三者 • 対外的信用力が不足する場合、金利が相対的に高くなったり株主が保証を求められる傾向あり
	JV株主	各株主の持分比率に応じた借入れ	• 持分比率に影響しない • 回収リスクを負うのは株主 • 子会社以外の会社に対して株主から貸付けをすることは、貸金業法に抵触するおそれがあるので注意が必要
		各株主の持分比率に応じない借入れ	
エクイティ	第三者	JVが新たに第三者に対して株式発行	• 持分比率のみならず、株主構成にも影響 • 合弁契約の再設計が必要となる可能性が高い
	JV株主	各株主の持分比率に応じた株式発行	• 持分比率に影響しない
		各株主の持分比率に応じない株式発行	• 持分比率に影響する • 合弁契約の再設計が必要となる可能性もある

なお、株主としての視点から見ると、一般的には、合弁会社が自己の信用により第三者から借入れをすることが、リスクを負わずに済むため有利であると考えられますが、そもそも立上げ間もない合弁会社であれば信用力が不足し、借入れできないことも少なくありません。最終的には金利の高低、事業計画への影響も踏まえて判断することになります。合弁契約において事前に定めておくべきポイントとしては、各当事者に持分比率に応じた追加出資の義務があるか否かという点になります。

（3）人材の確保方法

また、合弁会社を経営するための従業員を確保する必要もあります。その方法としては、合弁会社が独自にプロパーの従業員を採用する方法もありますが、合弁会社を設立する時点においては、合弁事業が成功するか否かは不明確で、事業から撤退する可能性も考慮に入れておかなければなりません。事業から撤退するとしても、雇用関係は簡単には解消できないため、当初の段階ではパートナーそれぞれが自社の従業員を合弁会社に出向させることが少なくありません。

そこで、各パートナーが、従業員を出向させることについて一定の協力義務を負うことを合弁契約に定めておくことがあります。あえて合弁契約において従業員の出向について合意するのは、合弁会社における従業員の確保は、単に労働力だけではなく、知識・ノウハウや、価値基準・プロセスを合弁会社に注入するという意味においても重要だからです。

この観点からすると、合弁会社に対してどのような能力を有する従業員、どのようなチームを出向させるかについて詳細に検討する必要がありますが、合弁契約においては、従業員を出向させる協力義務の概要のみを定めておき、詳細は合弁会社と各パートナーとの出向協定等において別途合意することが一般的です。

（4）その他の資源の確保方法

その他、合弁会社に対しては、パートナーから技術資源、販売資源等を提供するのが一般的です。

　例えば、営業体制に強みのあるＡ社とソフトウェアを開発・運営しているＢ社とが合弁会社Ｃ社を新たに設立するとします。その事業プランが、Ｂ社がJVに対してソフトウェアをライセンスしてＣ社オリジナルのソフトウェアＸを開発し、Ａ社がその営業力を活かしてソフトウェアＸを販売するものである場合、Ａ社の販売資源と、Ｂ社の技術資源が確実にＣ社に対して提供される必要があります。

　このような経営資源が確実に合弁会社に拠出されるように、合弁契約において、パートナーがそれぞれ合弁会社に対してどのような経営資源を拠出するかを明確にするとともに、パートナーと合弁会社との間の経営資源提供に係る個別契約を締結することを各パートナーに義務付けることが考えられます。場合によっては、一定期間内において個別契約が締結されないことをもって、合弁契約の解除事由とすることも考えられます。

　ここでは、JVプロジェクトの目的を達成するために必要な経営資源を漏れなく洗い出して、それが確実に合弁会社に対して拠出されるようにすることがきわめて重要となります。

利益の分配について調整する

（1）JVを通じて分配される３つの利益

　合弁契約では、合弁会社の事業の利益をどのように分配するかについても定める必要があります（視点(c)）。合弁会社を通じてパートナーが得られる利益は、①持分に基づく利益（持分利益）、②取引に基づく利益（取引利益）、③連結により計上される利益に大別できます[17]。

① 持分利益の分配

　持分利益とは、合弁会社に出資したパートナーが、株主としての立場に

17　なお、合弁会社により得られる利益として「反射的利益」が挙げられることもあります。反射的利益とは、JVのプロジェクトに参画することで得られるノウハウやブランドなど、アライアンスのシナジーとして扱われるような利益をいいます。反射的利益は、定性的・主観的に評価される側面が強く、「分配」するという性質の利益ではないので、上記の検討範囲からは除外しています。

より得られる利益のことです。具体的には、配当利益や、株式譲渡時や合弁会社清算時に得られるキャピタルゲインが該当します。合弁会社において配当を実施するかどうかは、各パートナーの意向や合弁会社において求められる投資や運転資金等を考慮してケースバイケースで判断しますが、配当に関して合弁契約に定める場合には、配当性向等の詳細ではなく、例えば、「原則として配当しない」、「別途合意する配当方針に従って配当する」といった基本方針のみを定めておくケースが少なくありません。

② 取引利益の分配

取引利益とは、各パートナーが合弁会社と取引することで得られる利益のことです。合弁会社に対して、例えばパートナーがソフトウェアをライセンスする場合にはライセンスフィー等を取引利益として得ることになり、パートナーが代理店として販売を実施してくれる場合には、販売手数料を取引利益として得ることが考えられます。

③ 連結により計上される利益

連結により計上される利益とは、文字どおり、持分比率に応じて連結されることで自社に取り込まれる利益をいいます。合弁会社の過半数の議決権を保有することで、出資先の資産・負債、収益・費用のすべての項目が連結されますし、合弁会社の議決権の20%以上50%未満を所有する場合等においては持分法の適用の対象となり、純資産および損益を持分に応じて連結財務諸表に反映させます。

(2) 利益分配の調整

合弁契約の設計においては、それぞれのパートナーが、JVからどれだけの利益をどのような形で取り込むのかという点の調整が不可欠です。言い換えれば、JVに参画する当事者としては、経営資源の拠出に見合ったリターンを、①持分利益、②取引利益、③連結により計上される利益を組み合わせてどのように回収するか、という視点が求められます。

②の対価設定において合弁会社と取引するパートナーの利益を優先する

と、③はもちろん、①も場合によっては減少するので、多数派株主と少数派株主との間で利害が対立しやすいポイントです。逆に、①および③は、持分比率に連動する一方で、②については明確な市場価格が見出しにくいため、拠出する経営資源の重要性を反映して、税法上問題にならない範囲の価格で持分比率が低い特定のパートナーに有利な取引を実行して調整を行うことも可能です。

競業禁止義務について検討する

　JVプロジェクトは、特定の事業につき、合弁会社を通じて行うことをパートナー間において約束するものです。それにもかかわらず、各々のパートナーが独自に合弁事業と競合する事業を行うと、当該事業に必要な経営資源が分散してしまいます。また、ノウハウの流出のリスクも生じます。したがって、経営資源確保の観点から、パートナーが合弁会社の事業と競合する事業を行わないように合弁契約において競業禁止義務を定める場合があります（視点(b)）。

　ここでは、前述のとおり、競業禁止の義務が自社に対してのみ課される場合や、その競業禁止の範囲が過度に広範となる場合に注意が必要です。

JVの解消方法について定める

（1）JVの解消方法を定めておく意義

　合弁会社が事業を展開するなかで、その継続が困難あるいは不可能になるケースがあります。例えば、JVプロジェクトの事業の前提となる許認可が取り消されたことによりその遂行が法令上不可能となった場合や、重大な合弁契約違反があった場合、当事者に支配権の異動が生じた場合、デッドロックが生じた場合などです[18]。

18　なお、合弁契約の設計をする際、デッドロックが生じないように、持分比率や取締役会の構成について一方パートナーに対して傾斜をかけるのが一般的ですが、少数派株主に対して付与された拒否権が行使されてデッドロックが生じ、事業運営が停止する場合も、合弁事業の継続が困難なケースの一例です。

また、JVプロジェクトに限った話ではありませんが、アライアンスから思ったような成果が得られないケースも少なくありません。例えば、JVプロジェクト事業の前提としていた競争環境が変化したため、定めた目標・マイルストーンが達成されない場合、合弁会社における一定額を超える累損が発生している場合などが想定されます。

　このような状況に直面した場合、業務提携であれば、基本的には契約を解除することでアライアンス自体も解消することができます。しかし、資本提携やJVにおいては、パートナーあるいは合弁会社との資本関係が生じており、その解消も併せて行う必要があります。そして、資本関係の解消にはさまざまな論点が関係するため、JVを開始する段階で、そのスムーズな解消のための手段を用意しておくことが重要です。もちろん、これからJVを推進していくというタイミングで、解消方法について議論することは気持ちのいいものではありません。しかし、JVはいずれ終了するものという前提に立ち、最初から撤退の段取りを設計しておくことで、スムーズな撤退と、そこに投下していた経営資源の再配分が可能になります。

(2) JVを解消する原因とそれに応じた方法

　JVを解消する方法としては、具体的には合弁会社自体は単独事業として残したままJV関係を解消するパターンと、合弁会社自体を清算するパターンがあります。

　JV関係を解消する原因は、①JVのいずれかのパートナーに責任がある場合と、②いずれのパートナーにも責任がない場合とに分けて整理することができます。

① JVのいずれかのパートナーに責任がある場合

　この場合については、責任がないパートナーに、自らJVから離脱する権利および合弁解消事由の発生について責任があるパートナーを合弁から離脱させる権利を与えるのが一般的です。前者は、いわゆるプット・オプションの形で、自社が保有している株式を他方のパートナーに買い取らせることで、資本的な関係も含めて合弁関係から離脱することになります。

後者は、いわゆるコール・オプションの形で、他方パートナーが保有している株式を買い取ることで、他方パートナーとの資本的な関係を解消することになります。

　なお、この場合の株式譲渡の価格については、資本提携契約違反に対するペナルティとしてのプット・オプション、コール・オプションと同様に、合弁解消事由の発生について責めがある当事者にとって不利に調整することが少なくありません。

② いずれのパートナーにも責任がない場合

　この場合において、一方のパートナーは離脱し、他方のパートナーは事業を継続したいというときには、一方パートナーが自ら保有する株式を他方のパートナーに譲渡する形になります。いずれの当事者も事業を継続したいというときには、他方パートナーが保有する合弁会社株式に対して、より高い買取価格を提示した当事者が他方当事者が保有する合弁会社株式を買い取ることができるという合意をしておくことが考えられます。そしていずれのパートナーも離脱したいというときには、M&Aを実施してくれる第三者が見つからない限り、合弁会社を解散・清算させることになります。

　上記で言及したものも含めて、合弁契約で一般的に問題となりうる条項は、以下のとおりです。

◎合弁（JV）契約で問題となりうる事項◎

- JVの目的
- JV設立時の出資比率
- 機関設計
- 株主総会・取締役会の運営方法
- 役員の選解任権
- 従業員の出向・費用負担
- JVとの契約締結義務
- 知的財産権の帰属・処理

- 追加の資金提供義務・希薄化防止
- 重要事項に関する拒否権
- 持分比率と拒否権の連動
- 剰余金の配当等
- 競業避止義務
- デッドロックへの対応
- 株式譲渡の制限方法
- 合弁契約終了時の処理
- 秘密保持義務
- 紛争処理条項（仲裁、裁判）

8 M&A検討のポイント

アライアンスの延長線としてのM&A

　本書はアライアンスの進め方を扱うものですが、M&Aは一方当事者の経営支配権が他方当事者に移動するものであるため、厳密な意味でのアライアンスには含まれません。

　一方で、資本提携からM&Aに発展する可能性もあれば、当初資本提携を実施することを検討していても、より強い推進力と経営資源のコントロール権が必要だと判明すれば、結果的に最初からM&Aを実行することもあります。このように、アライアンスとM&Aは、経営資源の獲得方法という意味では地続きの手段です。そこで、本項では、経営資源を獲得するという切り口から、M&Aのポイントについて簡単に解説します。M&Aプロセスの全体像、企業価値評価、株式譲渡契約の詳細については、専門書をご参照ください。

(1) 何を獲得するのかを明確にする

　アライアンスすべてに共通する大原則として繰り返し述べているところですが、どういった経営資源を獲得するためにM&Aを実施するのかについて明確にすることが重要です。何を獲得するのかに応じて、以下のように、M&AのストラクチャーやPMIの方法も異なるからです。

(2) 対象企業の経営権を獲得する必要があるか

　まず、対象企業が運営する特定の事業を獲得したい場合が考えられます。

ここでの事業とは、収益を生み出すために有形無形の財産や人材・組織を一体として組織したものをいいます。

① 対象企業が複数の事業を営んでいる場合

　この場合において、対象企業が複数の事業を営んでいる場合には、まずは獲得したい事業のみを承継するべく事業譲渡や会社分割のスキームを検討するべきです。

　獲得したい事業以外の事業を承継してしまうと、その事業をクローズする、あるいは改めて処分するコストがかかってしまうためです。

② 対象企業が単一の事業を営んでいる場合

　また、対象企業が単一の事業を営んでいる場合であったとしても、本当に対象会社の支配権を獲得する必要まであるのかについて改めて検討する必要があります。

　M&Aを検討する場合、自社単独では進出できない「飛び地」の新規事業を獲得したいケースや、競合他社に買収されることを阻止したいというようなケースを除き、例えば対象企業の技術や顧客基盤を獲得したいなど、基本的には自社に不足する経営資源を獲得したいと考えていることが多いといえます。しかし、特定の経営資源を獲得したい場合において買収をすると、戦略上不要な経営資源はもちろん、対象企業の経営支配権も一緒に買い取ることになってしまいます[19]。そしてその結果、それらを管理あるいは処分するためのコストが生じてしまいます。

　そのため、**M&Aを検討する際には、有形無形の財産や人材・組織をすべてまとめて獲得する必要があるのかという点について振り返って検討することがきわめて重要です。** もちろん、対象企業が保有する経営資源のすべて、あるいは経営資源の根幹にある競争力が必要なのであれば、これらが有機的に一体のものとして機能している状態で獲得するほうが効率的ですし、また、対象企業のミッション、そして価値基準やプロセスそれ自体

19　買収は、経営資源を買い取るものではなく、対象企業「全体」の企業価値に、支配権プレミアムを加えた金額をもって株式を譲り受ける行為だからです。

を取り込む必要がある場合には、M&Aは有力な選択肢となります。また、必要な経営資源の支配度を高める必要があるため、必要ない経営資源も含めてM&Aを実施するという判断もありえます。

③ M&A以外の手段の検討

したがって、必要な経営資源をアライアンス等を通じて単品で獲得することで目的を達成できる場合や、経営資源に対する完全な支配権が必要ない場合であれば、他のアライアンスを検討するべきです。

(3) 経営陣や人材・組織を獲得したい場合のアクハイヤー
① アクハイヤーとは何か

M&Aには、アクハイヤーを目的とする場合があります。アクハイヤーとは、「買収」を意味する「acquire」と、「雇用」を意味する「hire」を掛け合わせた造語です。企業買収という手段により、買収先企業の経営陣や技術者など優秀な人材を獲得することを意味します。これは、特に事業の競争力が人的資源に依存するインターネット・テクノロジー業界において多く行われる傾向があります。

② 経営陣を獲得したい場合

アクハイヤーを通じて経営陣を獲得する場合に注意しなければならないのが、M&Aをする側に明確なミッションが必要であり、アクハイヤーされる経営陣が当該ミッションに共感していることが求められるということです。それがないと、M&Aによって経営陣のモチベーションが失われてしまいます。

もちろん、契約上、買収後一定期間は対象会社に在籍するべきというロックアップ義務を課すことや、アーンアウトによる買収をすることも可能です。アーンアウトとは、M&A契約において一部の対価の支払いを一定の条件が成立したことを条件に行う合意をいいます。対象事業が、M&A時に合意した業績を上げたことが確認できた際に、それに応じた対価を支払うというものです。

しかし、ロックアップ義務にも期限があり、アーンアウトも一定時点までの業績を基準として対価の支払いを行うので、これらの義務を永久に課すことはできません。

　そもそも、アクハイヤーに期待しているのは、経営陣が対象企業にただ在籍することではなく、あくまでも経営陣がその経営手腕を発揮することです。買収側の強力なミッションに共感していない限りアクハイヤーした経営陣にその能力を十分に発揮してもらうことは難しく、ロックアップ義務やアーンアウトが完了した場合、経営陣の離脱やモチベーションの低下を招いてしまう可能性が高くなります[20]。

③ 組織を獲得したい場合

　経営陣ではなく、あるいは経営陣に加えて、対象企業の組織を手に入れたいと考える場合もあります。特に、組織のなかに存在する明文化されていない暗黙の行動原理・行動原則である価値基準や、この価値基準が具体化された一連の業務上のアクションであるプロセスというものは、組織から切り離して取引することが非常に困難であるため、これらの経営資源を獲得するためのM&Aを検討するケースも少なくありません。

　また、もし、M&Aをした企業の価値基準やプロセスを獲得したいのであれば、M&Aをする側の経営者は、その企業や組織を新しい親会社にすぐには統合するべきではありません。企業や組織の性急な統合は、価値基準やプロセスを破壊することになりかねないからです。そのため、M&Aのストラクチャーとしても、吸収合併ではなく株式譲渡を通じた子会社化を採用することが望ましいといえますし、子会社化した後も、対象企業の独自性を保ち、価値基準やプロセスが維持されるように最大限配慮するべきです。

20　なお、事業や経営資源を獲得することをM&Aの目的としている場合、買収側において事業や経営資源の管理運営を引き継ぐまでの猶予期間を設ける必要があります。その猶予期間を確保する意味においては、アクハイヤーではないケースにおいても、対象会社の経営陣のロックアップは非常に有効です。ただ、この場合においては、獲得した事業や経営資源を運営する能力を自社として保有している必要があります。「飛び地」のM&Aは難しいといわれるのには、この経営能力を買収者において用意することが簡単ではないという背景もあります。

第 **7** 章

アライアンス成立後の進め方

アライアンス推進のポイント
～ポストディール～

　アライアンスを通じて事業を推進するために必要な約束事については、アライアンスがスタートする前に契約に盛り込んでおく必要があります。

　一方で、言うまでもなく、契約で合意することと、実際に体制を整備することは別の作業です。**体制整備は、アライアンス契約の締結完了を待ってから開始しているのではタイミングとして遅すぎます。契約交渉と並行して準備を進めて、契約締結完了日あるいはクロージング日からアライアンスの推進に着手できるようにしておくことが重要です。**

組織体制の設計をする

　まず、当該アライアンスを推進するための体制を整備しておく必要があります。必要な体制は、アライアンスの種類や、獲得したい経営資源、推進したい事業の内容に応じてさまざまです。

　例えば、JVではない場合でも、仮想の共通組織・単一事業体を構築し、そのなかで組織運営を行う場合もあります。また、アライアンス当事者それぞれの内部にプロジェクトチームを組成し、運営委員会などの意思決定のための共通機関を設け、そこで両者の連携を図る場合もあります。

　いずれにせよ、少なくともプロジェクトに関与するメンバーの階層ごとの役割、決裁権限と責任、組織構造とそれに対応する指示命令系統、意思決定のための会議体やその運営方法を明確にしなければなりません。また、プロジェクトの推進に必要となる、営業体制、研究・開発体制などの機能ごとの権限や役割の範囲も明確にする必要があります。

　なお、アライアンスの交渉と実行とが分断してしまうと、交渉中のやり

とりや、アライアンス契約における約束事の背景がアライアンスの事業の実行責任者に伝わらず、その納得感やコミットメントを引き出すことが難しくなってしまいます。したがって、アライアンスの戦略策定や交渉の段階から、事業の実行のためのメンバーをプロジェクトに加えておくことがポイントとなります。つまり、アライアンスの事業を実行するフェーズに入る前に、プロジェクト実行のメンバーはある程度固まっていることが理想です。

運営委員会を設置する

（1）運営委員会の重要性

　組織体制の設計のなかで重要な位置付けを占めるのが運営委員会です。第5章、第6章で説明したとおりですが、アライアンスの事業を実行する段階においては、プロジェクトに関する意思決定の方法が明確に定まっている必要があります。

　特に、アライアンス契約を締結する時点では明確ではないが、プロジェクトを進めていくなかで随時意思決定をしていくべき項目や、アライアンスのプロジェクトの進捗状況・指標のモニタリング、プロジェクトに課題が発生した場合の対処の方向性の議論と決定、定期的な情報共有や認識のズレの修正、その他、事後的に発生する重要な意思決定事項については、運営委員会において意思決定をするとのルールを定めておく必要があります。

　とりわけ、運営委員会でプロジェクトの進捗状況をモニタリングし、その結果を関係者で共有し、その問題・課題の解決策を検討することでPDCAサイクルを回すことが可能になり、アライアンスの成功確率を上げることができます。

（2）運営委員会開催の頻度

　また、プロジェクトに関わる主要なメンバーが定期的に顔を合わせる運営委員会は、パートナー間の信頼関係を醸成する場としても機能します。

そして、信頼関係を醸成するためには、それ相応の頻度で顔を合わせる必要があるので、プロジェクト開始直後においては、プロジェクトの推進力を強化するという観点から月1回程度の頻度で開催することも考えられます。しかし、役職によっては、高い頻度で運営委員会に参加することができないメンバーもいます。企業にとってインパクトの大きいアライアンスプロジェクトであれば、役員やCXOクラスのメンバーを運営委員会にアサインする必要もあります。そのような場合には、運営委員会の開催頻度を例えば四半期に一度にして、アライアンスの個別のテーマごとに情報共有・議論をする場である分科会を設置し、これを高い頻度で開催することが考えられます。

（3）事務局を設置する

　運営委員会などの会議体を効果的に運営するためには、事務局・PMOが必要となります。PMOとは「Project Management Office」の略です。事務局・PMOは、プロジェクト全体の管理や支援を横断的に行う機能のことを指し、一般的には、運営委員会の運営やプロジェクトの進捗管理等のマネジメント業務、プロジェクトにおける経営資源・コスト管理の各種調整業務を行います。

（4）業務内外での交流の重要性

　以上のように、アライアンスのプロジェクトにおいては、運営委員会、事務局・PMO、各テーマごとに実務担当者が協議するための分科会を設置することになりますが、事務局・PMOを含めて、各アライアンスパートナーからメンバーをアサインすることで、パートナー間の密接な交流が生み出されます。また、運営委員会、事務局・PMO、分科会のメンバー同士の懇親会などの業務外での交流を通じてコミュニケーションの活性化を図ることも重要です。

（5）契約において定めるべき内容

　運営委員会については、その権限を明確にし、開催頻度、方法、開催地、

決議方法、議事録の作成・保管などについて契約において規定されていることが望ましいですが、もし万が一、契約上での定めがない場合には、アライアンスのプロジェクトキックオフと同時に確定しておくべきです。

(6) ベンチャー企業はどうするべきか

経営資源に乏しいベンチャー企業の立場からすると、こういった運営委員会のような定期的な会議体を設けること、そしてそれに出席することは相応の負担となってしまいます。アライアンスを組む相手を厳選するとともに、運営委員会の開催頻度を柔軟に変更できるように合意しておくことや、運営委員会の設営は大手企業に委ねるという工夫も必要となります。

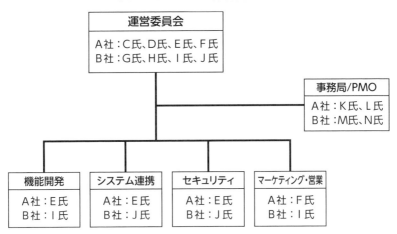

◎アライアンスの体制例◎

運営委員会
A社：C氏、D氏、E氏、F氏
B社：G氏、H氏、I氏、J氏

事務局/PMO
A社：K氏、L氏
B社：M氏、N氏

機能開発
A社：E氏
B社：I氏

システム連携
A社：E氏
B社：J氏

セキュリティ
A社：E氏
B社：J氏

マーケティング・営業
A社：F氏
B社：I氏

アライアンス推進計画を策定する

運営委員会等を通じて、アライアンスを推進するために必要な業務上のアイテムを整理し、それをどのように実行していくかを計画する必要があります。具体的には、実施しなければならないアクションアイテム、その実施順序・先後関係、それぞれの担当部署・担当者、所要時間を整理し、

◎**ガントチャートのフォーマット例**◎

No.	タスク	担当	期限	フェーズA														
				第1週					第2週					第3週				
				月	火	水	木	金	月	火	水	木	金	月	火	水	木	金
1	販売提携の進め方の整理																	
1.1	運営委員会のキックオフ	運営委員会	20年 X月 XX日				■											
1.1.1	今期目標・計画の策定	運営委員会	20年 X月 XX日						▒	▒								
1.2	A社プロダクトチームの担当者アサイン	A社経営企画室	20年 X月 XX日										▒	▒	▒			
1.3	B社販売チームの組成	B社経営企画室	20年 X月 XX日													■	■	
1.6	販売連携の開始	運営委員会	20年 X月 XX日															
2	販売連携の推進																	
2.1	プロダクトに関する資料共有	A社プロダクトチーム	20年 X月 XX日															
2.2	プロダクト勉強会の開催	A社プロダクトチーム	20年 X月 XX日															
2.3	プロダクトに関する質問窓口の開設	A社プロダクトチーム	20年 X月 XX日															
3	販売状況のモニタリング																	
3.1	KPI設定	運営委員会	20年 X月 XX日															■
3.2	進捗管理	A社・B社経営企画室	20年 X月 XX日															
3.2.1	目標見直し	運営委員会	20年 X月 XX日															

いわゆる「ガントチャート」などを通じて可視化します。

　例えば、A社の運営するSaaSプロダクトを、B社の運営するSaaSプロダクトと連携して、B社がセットで営業する場合、営業体制の構築とシステム連携というアクションアイテムを並行して推進して、両方が完了したのちに、本格的な営業を開始してそのモニタリングを行うというアイテムに着手することになります。

　アライアンスのプロジェクトの進捗は、週次や月次で管理するのが一般的かと思われますが、キックオフした直後の初期段階においては、日次でやるべきことを管理して初速を落とさないように工夫する必要があります。また、より実務的かつ日常的なトピックを扱う分科会においては初期段階に限らず定常的に、日次や週次で進捗管理するのが適切でしょう。

▍モニタリング指標を確立する

　運営委員会は、プロジェクトの進捗について、そもそもどういった指標によって、どのような方法でモニタリングするかを確立しておく必要があります。

　前述のとおり、定性的かつ抽象的なアライアンスの目的を実現するためのマイルストーンとして、パートナーが共有する定量的な目標や指標を設

フェーズB			フェーズC			フェーズD		
第 4 週	第 5 週	第 6 週	第 7 週	第 8 週	第 9 週	第 10 週	第 11 週	第 12 週
月火水木金	月火水木金	月火水木金	月火水木金	月火水木金	月火水木金	月火水木金	月火水木金	月火水木金

定することが有用です[1]。

　具体的には、売上高、利益、成長率、アクティブユーザー数、エラー数、市場シェア、ネットなどに関わる具体的な数値が目標や指標となります。場合によっては、より具体的な事業計画という形で目標を設定することもあります。その際には、それぞれのパートナーの自社における中期の経営計画と連携する形で、当該アライアンスにおける1〜3年程度の事業計画を策定し、これを達成するために必要な指標を個別に定めるのが一般的です。

　上記のように、マイルストーンや指標、場合によっては事業計画そのものを作成することで、アライアンスのプロジェクトが順調か否かについて、モニタリングし、事業管理を行っていくことが可能となります。

　そして、目標は絶対的なものではなく、見直しがありうることは前述したとおりです。目標の見直しのサイクルは、プロジェクト・事業の特性、フェーズ、プロジェクトに関わる企業の成熟度を考慮して決定するべきです。

　加えて、163ページでも言及しましたが、**モニタリングする目標や指標は、アライアンスのプロジェクトに参画しているメンバーの、それぞれの**

1　指標としては、早い段階で課題に対する打ち手を検討できるように、業績結果を先行してモニタリングできる指標（KPI）を設定しておくことも有効です。

社内における目標と共通あるいは連動していることが理想的です。アライアンスは法人間の合意ですが、実際にプロジェクトを推進するのは生身の人間であるプロジェクトメンバーです。プロジェクトメンバーの個人としてのインセンティブ設計が歪まないように、アライアンスとしての目標と、プロジェクトメンバー個人の目標の離齬が生じないようにすり合わせをしておくのが理想です。

業務フローを構築する

　アライアンスを推進するためには、具体的にアライアンスに関わるメンバーが、日常的にどのように動けばいいのかというルール、すなわち業務フローを確定しておく必要があります。

　これも、アライアンスプロジェクトの事業特性、アライアンスの内容や、交換する経営資源によりますが、アライアンスの目的を達成するために最も適切な業務フローを構築する必要があります。

　例えば、異なる技術資源を持ち寄って共同の研究開発を実施するのであれば、どの施設で研究開発を実施するのかという初歩的な取り決めから、研究開発の具体的な進め方の手順についても両者で認識を合わせる必要があります。

　また、一方が営業網という販売資源を提供し、他方がソフトウェアプロダクトという技術資源を提供する場合、営業チームとプロダクトチームとの具体的な連携方法、顧客からのクレームがあった場合の対応フロー、逆に営業チームへのプロダクト情報の共有フロー、各種データの共有ストレージなどを具体的に定める必要があります。

　業務フローの設計では、アライアンス企業間のオペレーションに対する考え方や従来からのやり方の違いから、対立関係が生まれる可能性もあります。そのため、パートナー選定における留意点としても紹介しましたが、もともとオペレーションに対する考え方、価値基準やプロセスがかけ離れていないという前提が重要となります。とはいえ、オペレーションに対する考え方が完璧に一致する企業は基本的には存在しないため、協議を通じ

てアライアンスの目的を達成するために両者にとって最大公約数となる業務フローを作り出さなければなりません。

　特に、大手企業とベンチャー企業とのアライアンスにおいては、組織構造（階層の多少・部署間調整の要否）の相違や、それに起因する意思決定スピードの差などにより、うまく連携できないというケースも少なくありません。これらを解決するには、両者が遵守できる業務フローを構築する前提として、アライアンスのゴールを改めてすり合わせることは当然のこととして、大企業としてはコミュニケーションとそのインターフェースに一貫性を持たせるために自社の担当者を固定すること、当該担当者がベンチャー企業のカルチャーを理解していること、ベンチャー企業側としては、大手企業のガバナンスのあり方や意思決定プロセスを理解すること等、が求められます。

人的な交流を作り出す

　上記の組織体制や業務フローも、最初に構築したものがうまく機能するとは限らず、常に見直しに向けた協議が求められます。また、設定した目標を達成できずに両者が苦しい思いをすることも珍しくありません。そういった多くの困難が伴うアライアンス関係というのは、双方の当事者がお互いに相手を信頼できると感じているときにのみ成果を生み出すものです。つまり、繰り返しになりますが、アライアンスにおいては第5章で取り上げた関係的ガバナンスがきわめて重要なのです[2]。

　双方の当事者が互いに相手を信頼できると感じるためには、プロジェクトのメンバー同士の公式・非公式のネットワークが構築されることが重要です。特に、社歴の浅いベンチャー企業が大手企業の信頼を獲得するのはハードルが高く、また、比較的高い自由度のもとで経営をしてきたベンチャー企業経営者にとって、契約的ガバナンスを中心とした統制は重荷にな

2　逆に言うと、相手に対する信頼が崩れれば、関係的ガバナンスは崩壊し、それぞれが自らの利益を優先して考えるようになり、パートナーの行動は契約的ガバナンスを通じてコントロールするほかなくなります。そういった意味では、アライアンスの推進にあたっては関係的ガバナンスが失われないように細心の注意を払う必要があります。

ることもあるため、ベンチャー企業と大手企業とのアライアンスにおいては、密なコミュニケーションを実現するための仕組みの存在がポイントとなります。

　関係的ガバナンスを担保するために、アライアンスの窓口として両者の経営幹部を担当者としてアサインすることが重要です。さらに、運営委員会のような場を通じて定期的にメンバー同士が顔を合わせて人材交流ができる機会を設けることも必要です。また、人材交流は、出向制度を活用するなど、運営委員会以外の方法でも加速させることができます。

　ここでポイントとなるのが、**物理的に同じ空間にいることで交流が加速する**ということです。運営委員会に参加するような上級の役職者を出向させることは難しいケースもありますが、出向や常駐により同じオフィス空間で仕事をすることで、コミュニケーションが活性化されます。現在はビデオカンファレンスシステムやチャットツールなど、遠隔での共同作業を実現してくれるさまざまなツールがありますが、物理的に同じ空間にいることで、より些細かつ日常的な内容についてもこまめなやりとりができるようになります。こういった小さいことの積み重ねが、メンバー同士の信頼関係を強固なものにしますし、ノウハウの移転や融合をも促進します。

2 アライアンスの解消

アライアンスが解消されるのはどのような場合か

(1) アライアンスが解消されるパターン

アライアンスは決して永久不滅のものではなく、どこかで終結を迎えます。

終了のパターンとしては、①合意解約での終了、②契約期間満了による終了、③契約解除による終了、④終結権行使による終了の4つがあります。

① 合意解約での終了

合意解約での終了とは、両者が合意して契約期間を満了することなく、アライアンスを途中で解消することです。アライアンスを解消することについての双方の利害が一致しているときに採用されるパターンです。

相手の経営資源の見極めが甘くアライアンスの成果が出ない場合や、契約締結後に競争環境が変化しアライアンスを継続する意味がなくなってしまったため、両者ともに損切りをしてアライアンスを終了したいと考える場合もあれば、アライアンスの目標を達成したために終了する場合もあります。後者の場合においては、リアル・オプションの手法に基づきアライアンスからM&Aに発展するケースや、新たな目的のために次なるアライアンスを開始することもあります。なぜなら、すでにアライアンスにおいて協業をしていれば、相手の価値基準やプロセスを理解しているし、なにより経営陣相互の信頼関係が構築できており、関係的ガバナンスも効いているためです。目標を達成したためアライアンスを終了した例としては、

半導体分野で何十年間も合弁関係を続けてきたモトローラと東芝とのアライアンスがあります。

　一方で、アライアンスを解消するかどうかについて意見が対立する場合、解決の基準となる契約条項が必要となります。これに備えて、アライアンスの契約については、契約期間に関する条項や、契約解除の条項、そして終結権についての条項が設けられます。

② 契約期間満了による終了

　契約期間満了は、あらかじめ設定したアライアンス契約期間が満了し、契約書の定めに従ってこれを終結するものです。基本的には、期間の満了に伴いアライアンスが更新されないことが突然通知されるとアライアンスパートナーの事業に悪影響が出るので、契約を更新しない場合には「契約期間満了の3か月前」までに通知することを義務付けるなど、猶予期間を設けることが一般的です。JVの場合は、独立した法人を運営する側面もあるため、特に期限を決めずに長期的に関係を続けることも少なくありません。

③ 契約解除による終了

　契約解除とは、どちらか一方の当事者が契約違反などの契約解除事由に該当したため、他方当事者が契約書の規定に従い契約を解除するものです。契約解除事由としては、例えば、アライアンスに伴う対価を支払わない、契約で定めた技術を提供しない、競業禁止義務を守らないなどの契約違反があります。

　このような契約違反が起きた場合の手段として、契約書では、契約違反解除権や損害賠償請求権を定めるのです。これらは、契約違反を抑止するためのペナルティとして機能すると同時に、違反を受けた当事者にとっての救済手段として機能するものです。しかし、契約違反解除権や損害賠償請求権を行使するとしても、契約違反事由に該当するかどうか、そのための証拠があるかどうか、自社にも責任があるかどうかといった諸々の論点について、両者の協議・交渉が必要になるため、安易にこれらの手段を行

使することは避けたいところです。

　その他のアライアンス契約の解除事由としては、アライアンスの前提としていた条件が崩れたといえる場合、例えば、一方当事者が買収されて支配権が移動したこと、デッドロックが発生したことなどが規定されることが多いといえます。

④ 終結権行使による終了

　終結権行使とは、一定の条件が満たされたら一方的にアライアンスを終結できる権利を行使することです。アライアンスにおいては、パートナーが共通の目的を掲げていることが大前提ですが、そのなかでも、どの程度の達成度を求めるかについては、パートナー間においてズレが生じることがあります。そのため、一方の企業がアライアンスの終了を希望しても、他方の企業は終了させたくない、というケースも考えられます。

　例えば、アライアンスの事業の対象市場が当初想定していたほど成長する見込みがなくなった場合、大手企業であるA社にとっては収益インパクトがないためプロジェクトを進める意味がなくなったとしても、ベンチャー企業であるB社にとってはそれでも十分な収益を確保できるとしてアライアンスを継続したいと考えることがあります。このような状況において、もし終結権が設定されていなければ、B社がアライアンス終了に同意しない限り、A社はアライアンスへのコミットメントを失った状態で契約期間の満了までアライアンスを継続しなければなりません。

　しかし、一方のパートナーがコミットメントを失ったアライアンスを続けても成果を生み出せず、経営資源の無駄使いに終わる可能性が高く、お互いにとって好ましいとはいえません。このような場合に備えて、例えば、定量的な基準としての最低利益額を設定し、その基準値を連続して下回った場合にはアライアンスを終結する権利をパートナーに与えるという形で終結権を用意しておくことが考えられます。

アライアンスの解消が制限される場合

　上記にて紹介した①～④は、いつでも自由に行使できるとは限らない点に注意が必要です。

　アライアンスは、継続的な関係が続くことを前提とします。当事者は、この関係が一定期間継続することを信頼して、少なくない投資を行うことになります。

　そのため、契約で解除条項や契約期間が定められていても、長期間にわたって継続することを予定した契約については、解除や更新拒絶が制限されることがあります（継続的契約の法理）。具体的には、信頼関係が破壊されたと客観的に認められる等の「やむを得ない場合」でないと契約の解除や更新拒絶ができないとする考え方や、原則として契約条項にしたがった解除・更新拒絶ができるが、例外的に信義則に反すると認められる場合は解除・更新拒絶が制限されるとする考え方があります。また、契約の終了には一定の予告期間、あるいはそれに代わる金銭補償を必要とするという考え方もあります。

　法律に明示的に定められているものではなく、学説や裁判例も分かれているため、残念ながら統一的な基準はないのですが、契約の解除や更新拒絶が認められるか否かにおいて考慮される要素としては、アライアンスの継続年数、解除される側のパートナーの当該アライアンスへの依存度や当該アライアンスへの投資規模、他社とのアライアンスに切り替えることの容易性、アライアンスを解除する原因・必要性が挙げられます。

アライアンスを解消するときに必要な手当

　アライアンスが解消された場合、拠出していた経営資源の回収、プロジェクトを通じて共同で開発したプロダクトの権利関係の帰属、仕掛中の案件の処理、秘密情報や資料の返還、プロジェクトに付随して締結した契約の取扱い、保証・担保の取扱い、出向者・転籍者の扱い、プロジェクトの

ために採用したプロパー人員の扱いなど、整理しなければならないトピックが無数にあります。

　このような契約終了時の対応については、アライアンスの類型に応じて事前に定めておく必要があることは、第6章で説明したとおりです。とはいえ、実際には、契約においてアライアンスを解消するときの権利関係について詳細に決めてあることは稀であり、解消時の状況に応じて当事者間で協議しなければならないことが少なくありません。

　一方で、資本関係を伴うアライアンスである資本提携やJVにおいては、契約関係だけでなく、資本関係の解消、すなわち保有している相手や合弁会社の株式をどう処分するかが問題になります。資本関係については、パートナー間の利害関係が鋭く対立する傾向があるため、解消時の状況に応じて当事者間で協議して一定の結論に至ることが期待できません。したがって、アライアンス契約においてその解消方法について明確に定めておくことが必須となります（253ページ以下をご参照ください）。

索　引

参考文献

※本書の執筆にあたっては多くの文献を参考にさせていただきました。深く感謝いたします。

・アンドリュー・S・グローブ（著）、小林薫（訳）『ハイアウトプット マネジメント』、日経
　BP社
・アンドリュー・S・グローブ（著）、佐々木かをり（訳）『インテル戦略転換』、七賢出版
・砂川伸幸他（著）『経営戦略とコーポレートファイナンス』、日本経済新聞出版社
・砂川伸幸他（著）『日本企業のコーポレートファイナンス』、日本経済新聞出版社
・磯崎哲也（著）『起業のエクイティ・ファイナンス』、ダイヤモンド社
・磯崎哲也（著）『起業のファイナンス』、日本実業出版社
・伊藤雅浩他（著）『ITビジネスの契約実務』、商事法務
・牛丸元（著）『企業間アライアンスの理論と実証』、同文舘出版
・江頭憲治郎（著）『株式会社法（第6版）』、有斐閣
・カール・シャピロ、ハル・ヴァリアン（著）、大野一（訳）『情報経済の鉄則』、日経BP社
・菊地伸他（著）『組織再編（第2版）』、中央経済社
・菊澤研宗（著）『組織の経済学入門 改訂版』、有斐閣
・木俣貴光（著）『企業買収の実務プロセス（第2版）』、中央経済社
・クレイトン・クリステンセン（著）、玉田俊平太（監修）、伊豆原弓（訳）『イノベーション
　のジレンマ 増補改訂版』、翔泳社
・クレイトン・M・クリステンセン（他著）、依田光江（訳）『ジョブ理論 イノベーションを
　予測可能にする消費のメカニズム』、ハーパーコリンズ・ジャパン
・グロービス（著）『グロービスMBAで教えている 交渉術の基本』、ダイヤモンド社
・佐藤義典（著）『実践 マーケティング戦略』、日本能率協会マネジメントセンター
・ジェフリー・ムーア（著）、川又政治（訳）『キャズム Ver.2（増補改訂版）』、翔泳社
・宍戸善一、福田宗孝、梅谷眞人（著）『ジョイント・ベンチャー戦略大全』、東洋経済新報社
・ジョン・ドーア（著）、ラリー・ペイジ（序文）、土方奈美（訳）『伝説のベンチャー投資家
　がGoogleに教えた成功手法 OKR』、日本経済新聞出版社
・鈴木義行（編著）『M&A実務ハンドブック（第7版）』、中央経済社
・高橋透、淵邊善彦（著）『ネットワークアライアンス戦略』、日経BP社
・デイビッド・ヨッフィー、マイケル・クスマノ（著）、児島修（訳）『ストラテジー・ルール
　ズ』、パブラボ発行、星雲社発売
・ティエン・ツォ、ゲイブ・ワイザード（著）、桑野順一郎（監修・訳）、御立英史（訳）『サ
　ブスクリプション』、ダイヤモンド社
・冨田賢（著）『IoT時代のアライアンス戦略』、白桃書房
・冨山和彦、経営共創基盤（著）『IGPI流 経営分析のリアル・ノウハウ』、PHP研究所
・中村裕一郎（著）『アライアンス・イノベーション』、白桃書房
・西村泰洋（著）『成功する企業提携』、エヌティティ出版
・ニック・メータ、ダン・スタインマン、リンカーン・マーフィー（著）、バーチャレクス・
　コンサルティング株式会社（訳）『カスタマーサクセス サブスクリプション時代に求められ
　る『顧客の成功』10の原則』、英治出版
・ハウェル・ジャクソン他（著）、神田秀樹、草野耕一（訳）『数理法務概論』、有斐閣
・服部暢達（著）『日本のM&A 理論と事例研究』、日経BP社

- フィリップ・コトラー、ヘルマワン・カルタジャヤ、イワン・セティアワン（著）、恩藏直人（監訳）、藤井清美（訳）『コトラーのマーケティング3.0 ソーシャル・メディア時代の新法則』、朝日新聞出版
- フィリップ・コトラー（著）、木村達也（訳）『コトラーの戦略的マーケティング』、ダイヤモンド社
- 淵邊善彦（編著）『シチュエーション別 提携契約の実務（第2版）』、商事法務
- ブラッド・ストーン（著）、井口耕二（訳）、滑川海彦（解説）『ジェフ・ベゾス 果てなき野望』、日経BP社
- マイケル・マローン（著）、土方奈美（訳）『インテル 世界で最も重要な会社の産業史』、文藝春秋
- マーク・ジェフリー（著）、佐藤純、矢倉純之介、内田彩香（訳）『データ・ドリブン・マーケティング』、ダイヤモンド社
- 松江英夫（著）『ポストM&A成功戦略』、ダイヤモンド社
- マックス H・ベイザーマン、マーガレットA・ニール（著）、奥村哲史（訳）『マネジャーのための交渉の認知心理学』、白桃書房
- 御手洗昭治、秋沢伸哉（著）『問題解決をはかる ハーバード流交渉戦略』、東洋経済新報社
- 元橋一之（著）『アライアンスマネジメント』、白桃書房
- 安田洋史（著）『新版 アライアンス戦略論』、NTT出版
- 柳川範之（著）『契約と組織の経済学』、東洋経済新報社
- ロジャー・フィッシャー、ウィリアム・ユーリー（著）、金山宣夫、浅井和子（訳）『ハーバード流交渉術』、阪急コミュニケーションズ
- ロバート・B・チャルディーニ（著）、社会行動研究会（訳）『影響力の武器（第三版)』、誠信書房

野本遼平（のもと りょうへい）

弁護士としてスタートアップのビジネススキーム策定・提携交渉・資金調達等の支援に携わったのち、2015年にKDDIグループのSupershipホールディングスに入社。同社の経営戦略室長・子会社役員として、戦略的アライアンス/資本業務提携/M&A/投資/グループ再編/PMIの戦略立案及び実行/推進を統括。2019年よりグロービス・キャピタル・パートナーズにて、ベンチャー・キャピタリストとしてベンチャー企業への投資及びハンズオンでの経営支援に従事。慶応義塾大学法学部卒、東京大学法科大学院修了。第二東京弁護士会所属。

共著書に『アプリビジネス成功への法務戦略』（技術評論社）がある。

せいこう　　　　　　　　　　　　　　　せんりゃく　じつむ
成功するアライアンス 戦略と実務

2020年2月20日　初版発行
2021年6月1日　第3刷発行

著　者　**野本遼平** ©R.Nomoto 2020
発行者　**杉本淳一**

発行所　株式 **日本実業出版社**　東京都新宿区市谷本村町3-29 〒162-0845
　　　　会社　　　　　　　　　　大阪市北区西天満6-8-1 〒530-0047

　　　　編集部 ☎03-3268-5651
　　　　営業部 ☎03-3268-5161　　振替 00170-1-25349
　　　　　　　　　　　　　　　　https://www.njg.co.jp/

印刷／理想社　製本／共栄社

ISBN 978-4-534-05761-7　Printed in JAPAN

中堅・中小企業経営者のための
「事業承継対策」の立て方・進め方

名南コンサルティング
ネットワーク
定価 本体 3000円(税別)

経営者家庭の相続は「節税」目的では必ず失敗する! 「できるだけ早い時期から」「“争族”にせず後継者が育つ」「確かで間違いのない」事業承継＆相続対策を指南。会社を繁栄に導くヒント満載!

最新版 M&A実務のすべて

北地達明、北爪雅彦
他編
定価 本体 3200円(税別)

株式公開買付け、株式交換、合併、事業譲渡などM&Aの手法から、企業価値評価やデューディリジェンス、連結会計や税制適格要件、組織再編税制など会計・税務の取扱いまでを網羅した決定版!

会社売却と
バイアウト実務のすべて

宮﨑淳平
定価 本体 4000円(税別)

売り手側の視点で会社売却・事業売却の進め方を丁寧に解説。少しでもよい条件で想定外の損失を被らず売却したい中小企業経営者、事業会社のM&A・子会社売却担当者、弁護士、税理士必携の書。

図解でわかる
企業価値評価のすべて

株式会社 KPMG FAS
定価 本体 2000円(税別)

企業価値評価のしくみから算出の実際、無形資産の評価までがわかる本。経営戦略や事業計画立案、M&Aや投資の判断基準として、経営の意思決定に携わる人に必須のノウハウを図解で平易に解説。

定価変更の場合はご了承ください。